O ministro que mudou a Justiça

Celso Vilardi, Maíra Salomi, Mario Cesar Carvalho, Pierpaolo Cruz Bottini, Sônia Ráo e Tonico Galvão (organizadores)

O ministro que mudou a Justiça
Márcio Thomaz Bastos

1ª edição

CIVILIZAÇÃO BRASILEIRA

Rio de Janeiro
2024

Copyright © Celso Vilardi, Maíra Salomi, Mario Cesar Carvalho, Pierpaolo Cruz Bottini, Sônia Ráo e Tonico Galvão, 2024

Diagramação: Abreu's System

Todos os direitos reservados. É proibido reproduzir, armazenar ou transmitir partes deste livro, através de quaisquer meios, sem prévia autorização por escrito.

Texto revisado segundo o Acordo Ortográfico da Língua Portuguesa de 1990.

Direitos desta edição adquiridos pela
EDITORA CIVILIZAÇÃO BRASILEIRA
Um selo da
EDITORA JOSÉ OLYMPIO LTDA.
Rua Argentina, 171 – 3º andar – São Cristóvão
Rio de Janeiro, RJ – 20921–380
Tel.: (21) 2585–2000.

Seja um leitor preferencial Record.
Cadastre-se no site www.record.com.br
e receba informações sobre nossos
lançamentos e nossas promoções.

Atendimento e venda direta ao leitor:
sac@record.com.br

CIP-BRASIL. CATALOGAÇÃO NA PUBLICAÇÃO
SINDICATO NACIONAL DOS EDITORES DE LIVROS, RJ

M622

O ministro que mudou a Justiça : Márcio Thomaz Bastos / organização Celso Vilardi ... [et al.]. – 1. ed. – Rio de Janeiro : Civilização Brasileira, 2024.

ISBN 978-65-5802-168-1

1. Bastos, Márcio Thomaz, 1935-2014. 2. Ministros de Estado – Brasil – Biografia. I. Vilardi, Celso.

CDD: 320.092
CDU: 929:32

24-94221

Meri Gleice Rodrigues de Souza – Bibliotecária – CRB-7/6439

Impresso no Brasil
2024

Sumário

Prefácio   7

Luiz Inácio Lula da Silva

Apresentação   11

*Celso Vilardi, Maíra Salomi, Mario Cesar Carvalho,
Pierpaolo Cruz Bottini, Sônia Ráo e Tonico Galvão
(organizadores)*

1. Segurança muito além de polícia e repressão   13

Mario Cesar Carvalho

2. Advogados contra a ditadura   25

Antonio Cláudio Mariz de Oliveira

3. A guinada republicana da PF   35

Paulo Lacerda

4. Enquanto isso, na Sala de Justiça...   75

Marcelo Behar e Pedro Abramovay

5. Márcio e a reforma do Judiciário   85

Pierpaolo Cruz Bottini, Sérgio Renault e Beto Vasconcelos

6. Lavagem de dinheiro e cooperação jurídica internacional 93

Antenor Pereira Madruga Filho e Carolina Yumi de Souza

7. Em defesa dos direitos fundamentais dos menos favorecidos 105

Luiz Armando Badin

8. IDDD: dedicação de toda uma vida 119

Dora Cavalcanti e Augusto de Arruda Botelho

9. Um marco histórico na defesa da concorrência 129

Arthur Sanchez Badin

10. Um pensador da Justiça na origem do Conselho Nacional de Justiça 157

Luis Felipe Salomão

11. Márcio Thomaz Bastos por ele mesmo 167

Sobre os autores 187
Referências bibliográficas 189

Prefácio

Luiz Inácio Lula da Silva

Há dez anos, o Brasil perdia não só um dos seus maiores advogados criminalistas, mas também um dos homens que mais se dedicaram à defesa da democracia e do Estado de Direito em nosso país.

Márcio Thomaz Bastos foi, para muitos, uma figura ímpar na proteção dos direitos fundamentais e na construção de um sistema de justiça mais equitativo e acessível a todos. Para mim, ele foi muito mais do que isso. Foi um grande amigo, companheiro e parceiro em inúmeras batalhas democráticas.

Nossa jornada teve início na década de 1970, eu estava ainda nas lutas sindicais, e ele já era um profissional reconhecido. Um encontro em tempos obscuros que resultou em uma caminhada de companheirismo, amizade e respeito.

Márcio Thomaz Bastos foi uma daquelas raras pessoas que dedicam uma vida às causas mais nobres. Marca que ficou evidente quando presidiu o Conselho Nacional da Ordem dos Advogados do Brasil durante a Assembleia Nacional Constituinte, defendendo de forma incansável a proteção constitucional a todos os cidadãos brasileiros, sem distinção.

Da minha profunda admiração por sua competência e seu senso de justiça, veio a decisão de convidá-lo a compor meu governo, em 2003, para estar ao meu lado na maior e mais desafiadora missão da minha vida: cuidar da nossa gente para a construção de um Brasil menos desigual e mais desenvolvido.

Este livro, que presta uma justa homenagem ao revisitar a trajetória notável de Márcio Thomaz Bastos nas memórias daqueles que o acompanharam, também ressalta os momentos marcantes que tive o privilégio de partilhar com ele.

Sua liderança à frente do Ministério da Justiça durante o meu governo abriu o caminho para o fim da impunidade, para a concretização de reformas importantes e para a consolidação de uma justiça mais célere e um governo mais transparente. Uma atuação fundamental para o combate ao crime e para a garantia do cumprimento da Lei.

Desde o início de sua gestão, Márcio Thomaz Bastos deixou bem claro que sua prioridade seria uma reforma profunda do Poder Judiciário, que ele considerava "o desafio fundamental das instituições republicanas".

Com serenidade, firmeza e habilidade, dialogou com o Congresso Nacional e o Poder Judiciário para construir as alianças necessárias naquele contexto. Soube ceder sem renunciar ao que acreditava. Assim, sua firmeza e sua coragem foram essenciais para a promulgação da Emenda Constitucional nº 45, em dezembro de 2004, que deu início à esperada Reforma Judiciária.

Sua visão profundamente democrática transformou o Ministério da Justiça no que ele chamava de Ministério da Cidadania. Entre as muitas iniciativas de sua gestão, a homologação da Terra Indígena Raposa Serra do Sol se destaca como um ato de extraordinário significado. Marcou o reconhecimento dos direitos dos povos indígenas, historicamente marginalizados pela desigualdade e pela injustiça.

Não podemos nos esquecer de sua atuação no combate à lavagem de dinheiro, na defesa do patrimônio público e na coordenação da maior campanha de desarmamento que o Brasil já viu.

Foi sob seu comando que conseguimos promover a reestruturação da Polícia Federal e garantir a criação do Departamento de Recuperação de Ativos e Cooperação Jurídica Internacional, e da Estratégia Nacional de Combate à Lavagem de Dinheiro, posteriormente denominada Estratégia Nacional de Combate à Corrupção e à Lavagem de Dinheiro.

Volto a reforçar o que já disse uma vez: é inegável que a história do combate à corrupção no Brasil tem um marco antes e depois da passagem de Márcio Thomaz Bastos pelo Ministério da Justiça.

Thomaz Bastos foi um verdadeiro republicano em corpo, alma e conduta. E é com profunda saudade e gratidão que escrevo estas palavras, certo de que sua presença faz muita falta e igualmente certo de que seu legado continuará a inspirar gerações futuras na luta por um Brasil mais justo e igualitário.

Apresentação

*Celso Vilardi, Maíra Salomi, Mario Cesar Carvalho,
Pierpaolo Cruz Bottini, Sônia Ráo e Tonico Galvão
(organizadores)*

Muito à vontade na cadeira giratória mais conhecida do telejornalismo brasileiro, cercado por jornalistas e intelectuais, ele se diverte ao dizer que é "um obscuro advogado de província". A frase provoca risos na bancada do programa *Roda Viva*, da TV Cultura, escalada para entrevistar o ministro da Justiça do primeiro governo Lula, Márcio Thomaz Bastos, em novembro de 2004. Perguntam-lhe o que o levou a aceitar o convite para deixar um escritório de advocacia dos mais renomados do país e assumir o ministério. Bastos começa a dizer que o fez "um pouco por vaidade", para depois entregar: "Eu tinha ideias."

Este livro, organizado por um grupo de amigos de Bastos que atuaram com ele em diferentes fases de sua trajetória, recupera a outra face do advogado criminalista famoso, a do homem público. O Ministério da Justiça, que promoveu uma das maiores reformas da história do Judiciário brasileiro, foi o ápice dessa trajetória que começou na luta contra a ditadura na presidência da Ordem dos Advogados do Brasil (OAB), passou pela campanha das Diretas Já, o Congresso Constituinte, o julgamento do assassinato de Chico Mendes e o impeachment de Collor. Bastos foi o homem público que recriou a Polícia Federal, promoveu uma das maiores campanhas de desarmamento da história, articulou o sistema de cotas para as universidades, promoveu demarcações históricas em terras indígenas e refundou o modo de regular a concorrência entre empresas.

Bastos tinha consciência de que o seu legado seria a obra do homem público. Ao ser questionado pelo jornalista Luiz Maklouf Carvalho, da revista *piauí*, sobre qual seria o seu lugar na história, ele disse: "Daqui a cinquenta, cem anos, vou entrar para a história como o ministro que fez a reforma do Poder Judiciário e uma revolução na Polícia Federal."

1. SEGURANÇA MUITO ALÉM DE POLÍCIA E REPRESSÃO

Mario Cesar Carvalho

No dia em que anunciou a sua saída do Ministério da Justiça, em 1º de fevereiro de 2007, Márcio Thomaz Bastos contou que aceitara o cargo "por vaidade". Não se sabe se era zombaria ou ataque de franqueza. Ao aceitar o convite de Lula, no final de 2002, Bastos havia deixado uma vida de glórias para trás: era considerado o maior criminalista do país; tinha clientes que iam de Lula, o sindicalista, a Antônio Carlos Magalhães, o senador da ditadura; e sua retirada mensal no escritório alcançava R$ 250 mil (como ministro, recebia R$ 8 mil).

Se Bastos virou ministro por vaidade ou não, é uma pergunta que ficará sem resposta, já que nunca detalhou essa tirada. O que se sabe ao certo é que ele tinha um plano para o ministério – de tornar a Justiça mais eficiente, mais transparente e menos elitizada. O resultado de sua passagem pelo governo Lula foi muito além desse projeto. É a maior mudança que o sistema de Justiça brasileiro sofreu desde Getulio Vargas nos anos 1930, quando foram criadas a legislação trabalhista, o Código Eleitoral, a Ordem dos

Advogados do Brasil (OAB) e leis específicas para as florestas e as águas – a ditadura de 1937, que extinguiu a Justiça Federal, e o mandado de segurança são outra história.

As principais mudanças promovidas por Bastos e sua equipe na Justiça foram as seguintes:

- A criação do Conselho Nacional de Justiça (CNJ), o primeiro órgão de controle do Judiciário do país.
- A recriação da Polícia Federal, com maiores salários e mais tecnologia, e a substituição do viés político e palaciano de se fazer polícia, que protegia o governante de plantão, por uma abordagem mais republicana.
- O estabelecimento de um sistema de combate à lavagem de dinheiro.
- A mudança do sistema de justiça concorrencial, com a recriação do Conselho Administrativo de Defesa Econômica (Cade).
- A transferência para a Justiça Federal de crimes envolvendo direitos humanos, como massacres de indígenas e sem-terra. A avaliação do governo é que a apuração desses crimes na esfera estadual ficava prejudicada por causa de pressão das elites políticas nos estados.
- O início de um sistema federal de presídios, para abrigar líderes do crime organizado.
- O estabelecimento da Força Nacional de Segurança Pública (FNSP), com o objetivo de afastar o Exército das operações policiais.
- A demarcação da terra indígena Reserva Serra do Sol, a terceira maior da Amazônia.

SEGURANÇA MUITO ALÉM DE POLÍCIA E REPRESSÃO

Bastos parecia ter um método para eleger as mudanças que considerava prioritárias. Como dirigente da OAB, havia acompanhado a Constituinte de 1988 e participado ativamente de todas as questões relativas à Justiça e segurança. Quando assumiu o Ministério da Justiça, quinze anos depois, retomou os pontos da Carta que não haviam saído do papel. Começou pelo item mais polêmico do pacote de mudanças: o controle externo do Judiciário.

O tema nem havia sido tocado na campanha presidencial de Lula, mas o presidente introduziu-o com contundência num evento sobre o crime organizado. "É por isso que nós defendemos há tanto tempo o controle externo do Poder Judiciário. Não é meter a mão na decisão do juiz. É saber como funciona a caixa-preta de um Judiciário que muitas vezes se sente intocável."[1]

Lula completou a fala com a velha máxima de que a Justiça brasileira só tem olhos para quem tem dinheiro: "Como dizia Lampião em 1927: neste país, quem tiver 30 contos de réis não vai para a cadeia. Em muitos casos prevalece exatamente isso." A provocação de Lula foi feita em Vitória, no Espírito Santo, onde o crime organizado vivia um processo de escalada, em 23 de abril de 2003. Seu governo não completara quatro meses.

Dois dias depois, Bastos aumentou o tom já alto usado por Lula. "Precisamos fazer uma reforma radical do Poder Judiciário no Brasil. E nisso está implicado o sucesso ou o racasso da nossa luta contra a violência."

---

1 Lilian Christofoletti, "Lula critica 'caixa-preta' do Judiciário e defende controle", *Folha de S.Paulo*, 23 abr. 2003.

O MINISTRO QUE MUDOU A JUSTIÇA

Uma semana depois do discurso de Lula sobre a tal "caixa-preta", o governo publicou no *Diário Oficial* o Decreto nº 4.685, que, entre outras questões, criou a Secretaria da Reforma do Judiciário. Foram estabelecidos quatro objetivos:

I – Formular, promover, supervisionar e coordenar os processos de modernização da administração da justiça brasileira, por intermédio da articulação com os demais órgãos federais, do Poder Judiciário, do Poder Legislativo, do Ministério Público, dos Governos estaduais, agências internacionais e organizações da sociedade civil;

II – Orientar e coordenar ações com vistas à adoção de medidas de melhoria dos serviços judiciários prestados aos cidadãos;

III – Propor medidas e examinar as propostas de reforma do setor judiciário brasileiro; e

IV – Dirigir, negociar e coordenar os estudos relativos às atividades de reforma da justiça brasileira.

As reações da magistratura foram proporcionais às ambições da reforma anunciada. O presidente do Supremo Tribunal Federal (STF) à época, o ministro Marco Aurélio de Mello, disse que o Judiciário ficara "perplexo" com a classificação de que o poder era uma "caixa-preta" e chamou o discurso de Lula de "desserviço" ao país.[2] Juízes e

---

2 Silvana de Freitas, "Declaração de Lula é desserviço ao país, diz presidente do STF", *Folha de S.Paulo*, 23 abr. 2003.

ministros eram radicalmente contra o controle externo sobre suas atividades.

Nilson Naves, do Superior Tribunal de Justiça (STJ), negou que existisse uma caixa-preta e criticou o controle externo. Segundo ele, essa ideia era inconstitucional porque a Constituição brasileira prevê a independência e a harmonia dos poderes.

Quando o governo apresentou a Proposta de Emenda à Constituição (PEC) da reforma do Judiciário, o ministro Maurício Corrêa, que presidiu o STF logo depois de Mello, disse que a corte iria criar uma secretaria para reformar o Poder Executivo. Parecia chacota, mas Corrêa levou adiante a ideia. Numa reunião no Senado para discutir a reforma, ele declarou que a questão do controle externo teria de ser estendida aos outros dois poderes: o Executivo e o Legislativo.

A reforma do Judiciário era apresentada pelo governo como uma maneira de atacar a lentidão da Justiça, um problema histórico que ganhara contornos dramáticos após a Constituição de 1988: o número de ações cresceu quatro vezes entre 1990 e 2000. Em 1990, ingressaram 125.388 processos nos tribunais de Justiça do país; em 2000, esse número saltou para 545.398.[3]

Havia duas medidas em discussão: o controle externo e a adoção da súmula vinculante, um mecanismo pelo qual processos com teor similar são julgados a partir da interpretação majoritária. Seu objetivo era acelerar os julgamentos e uniformizar a jurisprudência.

---

3 Maria Tereza Sadek, "Judiciário", 2004.

O presidente do STF era favorável à súmula vinculante e contrário ao controle externo. Thomaz Bastos tinha posições invertidas: defendia o controle externo e era contrário à uniformização da jurisprudência, uma antiga bandeira dos advogados – eles achavam que perderiam trabalho com a súmula. Corrêa aproveitou essa divergência para tentar enfraquecer politicamente o ministro da Justiça.

Thomaz Bastos julgava ter apoio do Congresso para aprovar as mudanças que buscava e respondeu ao presidente do STF que o impasse seria resolvido no voto. Foi uma lição e tanto para o ministro. Ele acreditava que a bancada do Partido dos Trabalhadores (PT) do Senado, onde o projeto tramitava, estava alinhada com as suas propostas, mas não sabia que havia um acordo entre os senadores que entrava em choque com a proposta do Ministério da Justiça.

O ministro queria apresentar um novo projeto de lei para a reforma do Judiciário por considerar que aquele que tramitava no Congresso desde 1992, do petista Hélio Bicudo,[4] tinha sofrido tantas mudanças, que ganhara vícios incontornáveis, resultado de lobbies variados. Quando notou que não tinha o apoio da bancada, foi pragmático: abandonou a sua ideia de começar a reforma do zero e passou a articular para que o projeto ficasse mais parecido com o que o seu ministério buscava.[5]

O ministro teve de abandonar uma das bandeiras históricas da OAB: a que era contra a súmula vinculante, sob

---

4 Proposta de Emenda à Constituição nº 96/1992.
5 Emenda Constitucional nº 45, de 8 dez. 2004.

SEGURANÇA MUITO ALÉM DE POLÍCIA E REPRESSÃO

a justificativa de que a medida resultaria em um STF com "poderes ditatoriais", como repetiam os advogados.

Foi uma guinada tão forte, que o chefe de gabinete de Thomaz Bastos, o advogado Sérgio Sérvulo, se demitiu por ser contra a súmula. Sérvulo era amigo do ministro havia mais de vinte anos e publicara um livro em 1999 em que criticava duramente a súmula vinculante. Na visão dele, o mecanismo ameaçava o equilíbrio entre os poderes, a autonomia dos juízes e a liberdade dos cidadãos.

Sérvulo entregou a carta de demissão dias depois de a bancada do PT no Senado fechar a questão a favor da súmula vinculante. Thomaz Bastos respondeu que a decisão de sair só enobrecia o amigo por sua "coerência intelectual e moral" e aceitou a demissão.[6]

Foi assim que o ministro conseguiu aprovar a Emenda Constitucional nº 45. A reforma era tão polêmica, que tramitou pelo Congresso por treze anos. Com a aprovação, foram alterados 26 artigos da Constituição. Sérgio Renault, secretário da reforma do Judiciário que articulou a tramitação do texto, avalia que a herança é altamente positiva. Para o bem e para o mal, os tribunais e seus ministros e juízes viraram assunto do cotidiano. O CNJ tem a limitação de não poder demitir magistrados, mas suas investigações criaram um mecanismo de apuração e transparência inédito no país.

A reforma da Polícia Federal, que se tornaria o símbolo mais conhecido da passagem de Thomaz Bastos pelo go-

---

6 "Súmula vinculante tira assessor da Justiça", *Folha de S.Paulo*, 1º maio 2004.

verno, também enfrentou percalços, mas o resultado dos embates foi diferente. Desta vez o ministro venceu: fez exatamente o que planejara.

Por acompanhar inquéritos da PF como advogado desde os anos 1980, Thomaz Bastos conhecia todos os problemas dessa força policial: corrupção, baixa especialização dos seus integrantes, uso quase nulo de novas tecnologias e desestímulo, decorrente dos baixos salários. Casos de tortura, uma herança da ditadura militar, pipocavam aqui e ali. Havia também um problema institucional: a PF costumava servir ao governo de plantão, não ao Estado. Era praticamente uma polícia palaciana.

Thomaz Bastos começou a reforma com a escolha de um policial tido pelos seus pares como exemplar: o delegado Paulo Lacerda. Os dois haviam se conhecido nas investigações da PF sobre o ex-presidente Fernando Collor (1990–1992). Lacerda era uma raridade entre seus pares. Conhecia os desvios dos policiais, por ter feito parte da corregedoria em vários estados, e entendia de crimes financeiros, por ter trabalhado em banco por quinze anos antes de ingressar na PF e em delegacias fazendárias. A investigação de caixa dois na campanha presidencial de Fernando Collor de Mello e seu tesoureiro, Paulo César Farias, funcionou como uma espécie de pós-graduação em empresas-fantasmas, uso de laranjas, doleiros, enfim, sobre todo o ferramental à disposição da corrupção.

Foi com esse currículo que refundou a PF, com um detalhe que o levara a recusar dois convites para o mesmo cargo, por emissários de Itamar Franco e Fernando Henrique

Cardoso: teria autonomia para fazer o que achasse correto. Um dos seus motes era similar à fala de Lula sobre a Justiça: "Vamos abrir a caixa-preta da PF."

Lacerda priorizou alvos internos para frisar que a PF mudara e não aceitaria desvios de policiais. Focou as ações na corrupção política, nos desvios do Judiciário e nos crimes financeiros. Criou a rotina de fazer grandes operações, com nomes criativos e imagens impactantes para serem exibidas na TV e nos jornais.

Em fevereiro de 2003, com pouco mais de dois meses de governo, 22 policiais e agentes foram presos em Foz do Iguaçu, no Paraná, sob acusação de facilitação ao contrabando. Um deles era Nilson Ishii, que ficaria famoso como o "Japonês da Federal" na operação Lava Jato (ele foi condenado a quatro anos de prisão por crimes cometidos na fronteira, cumpriu a pena e voltou à PF). Seis meses depois seria deflagrada a operação Anaconda, que prendeu um delegado, um agente da PF e dois juízes federais.

A prova dos noves do caráter republicano da PF ocorreu durante a investigação sobre um assessor parlamentar de José Dirceu: Waldomiro Diniz, suspeito de operar um esquema de caixa dois para campanhas do PT e de envolvimento com o jogo do bicho e bingos. Isso foi em fevereiro de 2004. No ano seguinte, com a eclosão do mensalão, o próprio Dirceu se tornaria alvo da PF.

Em 2007, uma pesquisa da Associação dos Magistrados Brasileiros (AMB) mostrou que a PF aparecia como a instituição que o brasileiro mais confiava, com 75,5% de aprovação, praticamente empatada com as Forças

Armadas (74,7%). Câmara e Senado ficaram com 12% e 14%, respectivamente.[7]

Escolhi a reforma do Judiciário e a recriação da PF apenas para ilustrar o porte das mudanças que Thomaz Bastos fez. As reformas alcançaram mais de quinze áreas, num arco que vai das cotas raciais até a maior campanha de desarmamento feita no país. A pergunta óbvia é: como isso foi possível em tão pouco tempo, numa administração pública conhecida por engolir reformistas? Entra em cena aí uma das facetas menos conhecidas de Thomaz Bastos – a de gestor de equipes.

Ele não tinha qualquer experiência com administração pública quando aceitou o cargo de ministro. Havia sido presidente da seção paulista da OAB (1983–1985) e depois do Conselho Federal da OAB (1987–1989). Foi nessa função que teve uma atuação política de destaque na Constituinte.

Seu escritório era famoso pelos talentos que formava. De lá saíram advogados que se tornariam famosos, como Leônidas Scholz, Alberto Toron, Pierpaolo Bottini, Augusto Arruda Botelho, Dora Cavalcanti e Maíra Salomi.

No ministério, Thomaz Bastos aplicou um dos princípios que seguia no escritório: trabalhar com jovens considerados brilhantes. Tanto que ele próprio apelidou a sua equipe de "creche". Daniel Goldberg, um advogado que estudou em Harvard e ajudou a reformular a política concorrencial do Cade, e Pierpaolo Bottini, que atuou na reforma do Judiciário, tinham 27 anos quando ingressaram no ministério.

---

7 Denize Bacoccina, "PF e Forças Armadas são as instituições mais confiáveis, aponta pesquisa", *BBC Brasil*, set. 2007.

SEGURANÇA MUITO ALÉM DE POLÍCIA E REPRESSÃO

Nem todos os que ocupavam cargos-chaves no ministério eram conhecidos de Thomaz Bastos. Sérgio Renault, que articulou as propostas de reforma do Judiciário, ocupou um dos postos mais importantes do ministério depois de escrever um estudo para o Banco Interamericano de Desenvolvimento (BID) sobre os problemas da Justiça brasileira. Hoje o BID é um tigre de papel, uma entidade anódina, mas nos anos 1980 e 1990 a instituição era satanizada pelo PT como ponta de lança do neoliberalismo. Trazer alguém que fizera estudos para o BID era contrariar um dos mitos da militância.

O ministro fez isso porque Lula tinha uma confiança nele que os próprios petistas consideravam inabalável. José Dirceu dizia que Thomaz Bastos ocupara a figura paterna que Lula não tivera. O pai de Lula, o estivador Aristides Inácio da Silva, não dava a mínima para os filhos. Lula só foi conhecê-lo quando tinha 5 anos.

O ministro manteve uma rotina que não era usual na administração pública. Todo dia ele se reunia com o diretor-geral da PF, Paulo Lacerda, às 8h30. Logo em seguida tinha um encontro com toda a equipe. Nessa reunião eram discutidos os andamentos de todos os projetos. Não havia restrição para críticas, opiniões ou ideias. Todos opinavam sobre os projetos de outras áreas. O clima era de cooperação, segundo os participantes. O próprio Thomaz Bastos atribuía a velocidade de implantação dos projetos a essa sistemática incomum em governos. Era um órgão público funcionando em ritmo de iniciativa privada de alta performance.

Seria ingênuo imaginar que essas reformas continuassem intactas quase vinte anos depois. A volatilidade das políticas públicas no Brasil parece seguir o ritmo da moda, com variações e novidades a cada estação. A PF, por exemplo, passou por mudanças já na segunda gestão de Lula (2007–2010) e seu cantado republicanismo foi colocado em xeque no governo de Jair Bolsonaro (2019–2022), quando voltou a atuar como uma guarda palaciana. Eis um debate à espera de desbravadores.

É de Machado de Assis, escritor preferido de Thomaz Bastos, o conto chamado "Elogio da vaidade". No texto em chave humorística, publicado em 1878, é a própria Vaidade, em forma de personagem, que se defende na comparação com a Modéstia. A Vaidade começa com um desafio: "Traga-me a lista dos seus feitos, de seus heróis, de suas obras duradouras; traga-ma, e eu a suplantarei, mostrando-lhe que a vida, que a história, que os séculos nada são sem mim." No embate entre os feitos de cada uma, a Vaidade arremata que a Modéstia é como a violeta, flor que a simboliza: "Cheira bem, mas morre depressa."

Longe de mim querer colar a imagem de vaidoso em Thomaz Bastos. Foi ele próprio que vestiu esse chapéu, talvez com a mesma intenção de Machado de Assis: tornar o mundo mais leve, exercer a autoironia. Qualquer que tenha sido a motivação de Thomaz Bastos à frente do ministério, o resultado é palpável quase vinte anos depois. A Justiça brasileira é um poço de problemas, mas era muito pior antes de sua passagem pelo governo.

2. ADVOGADOS CONTRA A DITADURA

Antonio Cláudio Mariz de Oliveira

A advocacia e a democracia estão de tal forma ligadas, que a ausência da segunda impossibilita o exercício da primeira. Esta, por sua vez, restringida e cerceada, retira uma das bases de apoio do regime democrático.

Não é afirmação discursiva. É pura realidade. Há uma absoluta incompatibilidade entre a advocacia e os regimes autoritários.

Nunca os déspotas se deram bem com os advogados. Napoleão desejou que as nossas línguas fossem cortadas. Na União Soviética, no auge do stalinismo, e na China, a nossa profissão não passava de mera atividade burocrática gerenciada pelo Estado.

Em todos os sistemas ditatoriais, a liberdade de ação dos que postulavam direitos e garantias era mitigada, senão anulada.

Durante os regimes de exceção impostos por Getulio Vargas e, posteriormente, pelos militares, advogar, especificamente no Tribunal de Segurança Nacional e nas auditorias militares, era tarefa de risco. Não foram poucos os que tiveram o mesmo destino de seus clientes. Os quartéis.

Uma vez presos, os colegas, que iam até o seu encalço para libertá-los, tinham que percorrer inúmeros locais próprios das Forças Armadas até encontrarem quem estavam procurando. Essa prática era uma imitação de tempos idos, quando a Polícia Civil tinha o hábito de esconder pessoas detidas, levadas de uma delegacia para outra. Tratava-se do chamado "enruste".

E por que os advogados eram detidos? Bem, as razões eram várias. Alguma palavra mal interpretada dita durante uma defesa. Uma interferência mais veemente em prol da defesa do cliente. A objeção a alguma arbitrariedade. Pretextos não faltavam.

Um conhecido e respeitado advogado foi, certa feita, intimado a comparecer a um quartel. Depois de esperar por horas, foi conduzido à presença de um coronel. Este, exibindo uma petição da lavra do colega, indagou de forma pouco amistosa o que ele quis dizer ao usar a palavra "malfadada". Foi-lhe explicado que o termo estava sendo empregado para o acusado, seu cliente, e significava desvalido, desfavorecido, coitado. Tivesse examinado o dicionário, a dúvida do coronel estaria sanada. Preferiu, no entanto, agir do alto de seu comando e o intimou a depor.

Outros e tantos outros exemplos podem ser dados para mostrar o antagonismo entre a prepotência e a arrogância, próprias de quem quer exercer o poder sem limites, e a capacidade de persuasão e convencimento de quem usa a palavra em prol da liberdade e do direito alheios.

Rui Barbosa dizia que bastava deixar a palavra livre para os advogados para que o despotismo estremecesse em suas bases.

ADVOGADOS CONTRA A DITADURA

Essa insuperável distância entre a advocacia e o autoritarismo encontra suas razões fincadas nas próprias características do advogado vocacionado.

Nos regimes de força, nós só temos condições de advogar para postular pelo retorno da liberdade e das franquias democráticas. Quaisquer outras postulações nas diversas áreas do direito tornam-se de difícil acolhimento, pois a advocacia será exercida, não integralmente, mas de forma mitigada e cerceada.

O exercício da advocacia impõe independência de ação, respeito ao ordenamento jurídico, liberdade de exposição oral e escrita, tolerância à contestação e à oposição, visão não maniqueísta dos homens, ciência da relatividade da verdade. São requisitos que constituem antíteses do autoritarismo.

Realça-se: o advogado tem uma visão compreensiva, complacente e tolerante do ser humano. Nós sabemos que o mal e o bem, o belo e o feio, o justo e o injusto absolutos não existem. Há sim em tudo e em todas as coisas uma dualidade que nos permite um olhar desprendido de radicalismo e sectarismo.

Não fosse a tolerância, talvez não pudéssemos exercer a nossa profissão em sua plenitude, especialmente na área criminal. Estaríamos propensos a efetuar juízos de valor moral em face de uma conduta específica de nosso cliente. Mas não somos, obviamente, defensores do crime, e sim porta-vozes dos direitos e das garantias de nossos defendidos, independentemente da sua responsabilidade penal. Nós não somos juízes. E mais: as nossas defesas não necessitam ter uma direção única, qual seja a absolvição. Batalhamos,

O MINISTRO QUE MUDOU A JUSTIÇA

em não poucos casos, para que a pena justa seja aplicada, na hipótese de estar provada a culpa.

Outro aspecto nos diferencia do tirano. Sabemos que a verdade é relativa. Aliás, ouvi essa explicação dada em uma palestra pelo nosso homenageado Márcio Thomaz Bastos.

Disse ele que a verdade no processo surge com a petição inicial, é alterada pela contestação, modificada pela instrução, exposta pela sentença e fixada pelo trânsito em julgado.

Temos, pois, plena consciência da mutabilidade da verdade. Se isso ocorre dentro do processo, ocorre igualmente na vida em sociedade. Versões, interpretações, entendimentos, compreensões sobre um mesmo fato são contados. Diga-se isso também em relação a opiniões, análises, ideologias. São várias e migram de pessoa para pessoa.

Essa nossa visão da relatividade de uma verdade nos torna complacentes, compreensivos e plenamente habilitados a aceitar e a acatar o contraditório e as opiniões discordantes. No entanto, aqueles não dotados de formação e de sentimentos democráticos se arvoram detentores de uma única verdade: a própria.

Todas essas nuances da nossa profissão, advindas de nossa formação pessoal, nos deixam preparados para a derrota ou para a vitória em uma causa, sem que nos entreguemos a questiúnculas emocionais provenientes da inveja, dos ciúmes, do orgulho, da raiva. Pairamos, ou tentamos pairar, acima desses sentimentos, para podermos exercer o nosso sagrado mister de postular em nome de alguém com dignidade e espírito público.

Os atributos do advogado que afloram, como disse, exclusivamente em um regime democrático foram as marcantes qualidades desse líder da advocacia brasileira: Márcio Thomaz Bastos.

Toda a sua vida, quer a privada, quer a pública, quer aquela como advogado e dirigente da classe, foi pautada pelos princípios democráticos que basearam de forma coerente e linear todas as suas decisões à frente da presidência da OAB, do Ministério da Justiça e em seu próprio escritório.

Acompanhei a sua trajetória, pois o conheci na década de 1970 quando foi comissionado na Procuradoria de Assistência Judiciária da Procuradoria-Geral do Estado de São Paulo para atuar no tribunal do júri. Vindo da cidade de Cruzeiro, ele, que já fizera opção pela advocacia criminal, passou a frequentar o fórum criminal e a roda dos criminalistas da época. Waldir Troncoso Perez, Raimundo Paschoal Barbosa, Antônio de Almeida Toledo, Kleber Menezes Dória, Claudio de Luna, Nilton Silva Júnior, Viana de Moraes, Hermenegildo Valente e outros. Tal como ocorreu com tantos advogados iniciantes, inclusive comigo, os encontros com tais colegas mais antigos proporcionavam inestimáveis lições de vida, em face da experiência, da sabedoria e especialmente do amor à profissão desses homens.

Essas reuniões ocorriam no segundo andar do Palácio da Justiça, onde estavam situadas as varas e os cartórios criminais. Sentava-se em um banco denominado "Praça da Alegria". Muita alegria, benquerença e fraternidade nos rodeava.

Márcio logo se destacou no relacionamento interpessoal por seu marcante carisma. Calmo no falar, dotado de um jeito especial e cativante para se relacionar com os mais velhos, tinha uma capacidade invulgar para ouvir. Com paciência se colocava como refém dos interlocutores. Opinava e respondia com clareza e precisão, sem esbanjar palavras.

Era ponderado e prudente nos diálogos e nas reuniões tal como no curso de sua vida. Creio que a atenção que dedicava aos amigos era a mesma posta para os clientes.

Desde os seus primeiros júris em São Paulo, observou-se que ele era um primoroso argumentador, lógico, incisivo e com grande clareza de raciocínio. Analisava os fatos minuciosamente e deles extraía argumentos certeiros.

Eu tive a oportunidade de trabalhar com ele em dois casos de júri. Fui defensor em um e assistente de acusação em outro. Essa troca de papéis nos fez ter uma rica e recíproca experiência, onde pudemos avaliar o desempenho de cada qual dentro do cenário do tribunal popular. Márcio foi vitorioso nos dois casos.

O nosso relacionamento de quase cinquenta anos estendeu-se por vários setores das nossas atividades. Advogamos na área criminal; participamos intensamente da política de ordem; compusemos o Ministério da Justiça – ele como ministro e eu como presidente do Conselho Nacional de Política Criminal e Penitenciária (CNPCP), nomeado por ele –; empreendemos juntos memoráveis campanhas da sociedade civil, como a da Anistia, das Eleições Diretas, da Assembleia Nacional Constituinte e de movimentos como "Acorda Brasil" e "E Agora Brasil?".

Em 1986, lancei-me candidato à presidência da seccional paulista da Ordem dos Advogados com o apoio de Márcio e do também ex-presidente Mário Sérgio Duarte Garcia. Foram eles os únicos integrantes da denominada Chapa Azul, à qual todos nós pertencíamos, que participaram da minha campanha. Márcio colocou todo o prestígio que desfrutava na advocacia de São Paulo, em especial nas cidades do Vale do Paraíba, a meu favor. Mário Sérgio, que já fora presidente da seccional e da Ordem federal, igualmente dedicou-se de maneira plena à minha candidatura. Com certeza o apoio de ambos foi de capital importância para a minha vitória.

A convivência com Márcio, na realidade, entre todos nós, advogados criminais, sempre foi marcada pela amizade e pela solidariedade. A nos vincular parece-me que estava uma marcada incompreensão da sociedade em relação ao nosso papel. Como historicamente nunca houve um entendimento correto da nossa missão como figuras indispensáveis à administração da Justiça, sempre foi preciso estar unidos para enfrentar a visão oblíqua e desfocada, especialmente daqueles que, impregnados de uma cultura punitiva, desprezam o exercício do direito de defesa.

As nossas dificuldades para enfrentar as objeções sociais, e por vezes até aquelas vindas das próprias instituições estatais, aumentam à medida que cresce a criminalidade ou que, no campo político, liberdades e garantias individuais são mitigadas.

Recentemente, em nosso país, enquanto os advogados verberavam contra os excessos e as ilegalidades que estavam

O MINISTRO QUE MUDOU A JUSTIÇA

sendo praticados em nome do alegado combate à corrupção por aqueles que se arvoravam em paladinos da decência pública, a sociedade e parte da mídia contra nós se voltaram. Foi um período em que abusos eram constantes e o poder punitivo do Estado avançava sem respeitar os freios e limites impostos pela Constituição e pelas leis. A voz dos advogados novamente se fez ouvir como isolada contra o arbítrio e o autoritarismo, desta feita proveniente de parte do próprio Judiciário. A sociedade que aplaudia o movimento punitivo posteriormente foi despertada para os excessos e as violações cometidos, a partir de decisões judiciais que passaram a declarar a nulidade de uma série de procedimentos da época da denominada operação Lava Jato.

No curso de sua trajetória como advogado e líder da advocacia, Márcio soube enfrentar situações de constrangimento e dificuldades para a profissão, notadamente em um momento político de transição do governo militar para a democracia. A OAB assumia um papel de grande realce como porta-voz dos anseios da sociedade civil a fim de readquirir todos os atributos da cidadania plena.

Dois foram os advogados paulistas que tiveram um destaque excepcional nas lutas em prol da redemocratização do país: Márcio Thomaz Bastos e Mário Sérgio Duarte Garcia, ambos ex-presidentes da seccional e da Ordem. Mário Sérgio foi presidente do comitê interpartidário para as eleições diretas.

Deve ser destacada a coerência política e ideológica de Márcio, bem como a coragem de nadar contra uma maré que no seu meio lhe era adversa. Explico. Nunca escondeu a sua simpatia pelo Partido dos Trabalhadores, que logo no seu nascedouro angariou a antipatia e a oposição das elites do país e de parte da classe média. Esses segmentos, como é óbvio, constituíam o nosso meio de relacionamento. No entanto, Márcio Thomaz Bastos não teve receio de assumir a candidatura de Lula, para em seguida tornar-se o seu ministro da Justiça.

Coerência também demonstrou ao inspirar a fundação do Instituto em Defesa do Direito de Defesa (IDDD). Como a sua preocupação profissional, eu diria filosófica, sempre foi com a defesa dos acusados na área penal, especialmente os desvalidos, não se satisfez apenas exercendo a advocacia em sua banca. Desejou, e obteve êxito, legar para os seus pósteros uma entidade voltada para a postulação dos direitos e das garantias de homens e mulheres conduzidos aos bancos dos réus e desprovidos de recursos.

Não posso neste despretensioso escrito deixar de mencionar dois episódios vividos por Márcio e por mim, que denotam de um lado a seriedade e o empenho que emprestava em todas as suas atividades e de outro a sua solidariedade para com os amigos.

Candidato à presidência da seccional paulista da Ordem, acompanhei Márcio, como coordenador de sua campanha, a uma cidade do interior. Estávamos em Tupã, onde o calor era sufocante e o quarto único para os dois não possuía nem sequer ventilador. As parcas condições financeiras da campanha nos privavam de confortos mínimos. Pois bem. Com sacrifício, consegui dormir. Acordei e, logo após, vi Márcio sentado na cama, suando em abundância. Como o achei pálido e ofegante, indaguei se estava passando mal. Disse que não fisicamente, mas emocionalmente estava péssimo: sonhara que perdera as eleições. Uma simples observação feita por mim o recuperou de imediato: "Márcio, seu sonho significa nada, pois você não tem concorrente, nossa chapa é única e não perderemos para os votos em branco."

Em outra ocasião, estávamos atuando em rumoroso caso de homicídio – Márcio na acusação, eu como defensor. O meu cliente, durante o inquérito policial, foi internado em um hospital onde foi interrogado pela autoridade policial na presença do promotor de Justiça. Sentou-se na nossa frente, minha e do acusado. De imediato, colocou uma pasta em cima da mesa, e não no chão, como seria de hábito. Estranhei, mas não atinei a verdadeira razão.

Pois bem, à noite, em minha casa, descobri o motivo: a televisão mostrou que todos nós estávamos na mira de uma filmadora minúscula, colocada dentro da pasta do fiscal do cumprimento da lei, que fez as vezes de diretor de cena e de cinegrafista. Mais uma vez o crime como espetáculo.

Esse episódio provocou pronta reação de Márcio, meu adversário no processo, mas companheiro solidário de uma profissão que talvez tenha apenas nos próprios advogados os seus defensores.

Márcio Thomaz Bastos foi um advogado da sagrada missão de falar em nome de outrem.

3. A GUINADA REPUBLICANA DA PF

Paulo Lacerda

"A Polícia Federal não persegue, nem protege.
Ela é republicana."

Márcio Thomaz Bastos

Depois de participar da vitoriosa campanha eleitoral de Lula em 2002, Márcio Thomaz Bastos surpreendeu-me com o convite para que eu ocupasse o cargo de diretor-geral da Polícia Federal. Isso me deu a chance de conviver com o ministro nos quatro anos e três meses de sua exitosa gestão ministerial, entre janeiro de 2003 e março de 2007.

É necessário revelar, a propósito da minha indicação, um aspecto crucial para a concretude dos atos de nomeação e posse, em que Márcio Thomaz Bastos reafirmou a sua capacidade de diálogo e a imensa habilidade ao tratar de questão delicada politicamente para um ministro em início de gestão.

Nos anos anteriores à eleição, entre 1997 e 2002, eu trabalhava no Senado como assessor do senador Romeu Tuma. Já era um policial federal aposentado. Tuma havia sido delegado da Polícia Civil de São Paulo e ocupava a function de diretor-geral da Polícia Federal quando eu o conheci. Ao ser eleito senador por São Paulo, estava filiado ao Partido da Frente Liberal (PFL), de oposição ao Partido dos Trabalhadores. Ainda que Tuma fosse um político com ótimo trânsito nos três poderes da República, não seria uma tarefa simples convencer o presidente da República e lideranças do partido sobre o acerto da indicação de um assessor que por quase sete anos trabalhara com um opositor do PT. Havia outro problema: um grupo de policiais federais, vinculados à entidade sindical da PF, tinha o seu candidato para a mesma função e teria o apoio de outros ministros escolhidos pelo presidente Lula. Era previsível que surgissem questionamentos, resistências e até veto ao meu nome. Eu achava legítimo que policiais federais que atuavam politicamente junto com o PT almejassem a direção da PF. Mas Márcio Thomaz Bastos fizera outra escolha e soube lidar com maestria com um possível antagonismo e as rivalidades corporativas. O novo ministro da Justiça se manteve firme e conseguiu viabilizar a minha escolha, numa demonstração da sua habilidade política e da imensa confiança que desfrutava junto ao presidente Lula.

Recordo-me que o meu primeiro contato com Márcio Thomaz Bastos, quando ele era um famoso advogado. Aconteceu no início de 1990, em Brasília, na antiga sede da Polícia Federal. Eu trabalhava na Coordenação Central de Polícia Judiciária, na corregedoria da PF. Foi uma breve conversa sobre determinada carta precatória enviada a Brasília, oriunda da Polícia Federal de São Paulo, destinada a colher o depoimento de um cliente dele. No caso em questão, limitei-me a verificar os registros disponíveis e informá-lo de que o procedimento fora enviado à Superintendência Regional da PF no Distrito Federal para realização da oitiva. Apesar do breve contato, foi o suficiente para que houvesse empatia e respeito mútuos. Nos encontros que ocorreram depois, quando eu presidia inquéritos em que seus clientes eram intimados a depor, sempre foi muito educado e respeitoso com o trabalho da Polícia Federal.

É óbvio que jamais poderia supor que, tempos depois, o advogado e o delegado estariam trabalhando juntos, discutindo e decidindo um amplo projeto de governo destinado à reestruturação da PF.

Quando tomei posse, em 8 de janeiro de 2003, o ministro fez o seu primeiro discurso diante da Polícia Federal. Reproduzo uma parte da fala por julgá-la uma declaração de propósitos muito clara sobre o que esperava da nova administração do órgão:

> Ao entregar a Polícia Federal às mãos sérias, experimentadas e honradas do delegado Paulo Lacerda, o governo petista quer exprimir e significar a sua vontade de uma luta implacável contra o crime organizado. [...] Não se pode admitir a ostentação cínica do crime organizado, tomando o lugar do Estado, em áreas das mais urbanas às menos urbanas, e agindo como se fossem eles a autoridade. Esse é o novo desafio do Ministério da Justiça, da Polícia Rodoviária Federal e da Polícia Federal. A Secretaria Nacional de Segurança Pública, no Ministério da Justiça, terá um papel fundamental nisso e nós temos a certeza de que essa luta há de nos motivar a

todos, afinal de contas, o presidente Luiz Inácio Lula da Silva não teve esses cinquenta e tantos milhões de votos para fazer um governo conformista. "Ah, não, é difícil lutar contra o crime organizado", "Ah, não, nós não temos recursos". Se não fosse para fazer mudanças, mudanças sérias, mudanças estruturais, mudanças profundas, [...] não teria valido a pena esse mandato imperativo que recebemos da população brasileira. Muito oportuna a menção ao delegado Alcioni Serafim de Santana, com quem tantas vezes eu trabalhei, e que foi assassinado, que foi sacrificado e supliciado, num crime de aluguel, pelo motivo simples de que estava lutando duramente contra a corrupção. O nome deste auditório há de ser um símbolo daquilo que se quer que a Polícia Federal continue a ser, um organismo de ponta, um organismo que nos orgulhe a todos e que nos ajude a todos a vencer o crime organizado. [...] E quero lhes dizer que a nossa luta vai ter muitas frentes, que a nossa casa vai ter muitas portas que nos serão abertas. A luta contra a violência sexual contra menores vai ser implacável. Foi uma determinação do presidente que nós não vamos deixar de cumprir, e vamos cumpri-la com rigor e com indignação.

REUNIÕES DIÁRIAS

A primeira orientação que recebi do ministro, logo após a posse, não deixou de ser uma surpreendente decisão a prestigiar a Polícia Federal. Disse-me que dali em diante haveria uma reunião do ministro com o diretor da PF todas as manhãs, das 8h30 às 9h. Independentemente de existir demandas, seria a ocasião de debatermos temas caros ao ministério. Isso ocorreu de 2003 a 2007. O cancelamento, sempre excepcional, ocorria quando o ministro tinha compromissos fora de Brasília.

Desde os primeiros dias pude testemunhar o interesse do ministro em conhecer e participar dos novos planos e projetos destinados à reestruturação da PF. Suas eventuais sugestões eram sempre muito bem-vindas, por tratar-se de um criminalista experiente. Tenho na lembrança uma qualidade marcante de Márcio Thomaz Bastos: a sua postura serena e atenta em ouvir seu interlocutor, mesmo sobre assuntos controversos e desagradáveis, nunca denotando irritação ou estranheza; e, ao se manifestar, suas posições claras e seguras transmitidas a respeito dos fatos. Era sempre tranquilizador ouvi-lo, especialmente nos casos mais sensíveis da atividade policial, quando se impunha, por dever de ofício, levá-los ao conhecimento do titular do Ministério da Justiça. Com o apoio do ministro, o governo eleito pelo Partido dos Trabalhadores reafirmou o compromisso de iniciar o processo de modernização da Polícia Federal, o que incluía melhorias orçamentárias e financeiras, meios materiais e recursos humanos.

ESTRUTURA ARCAICA

Até 2002, a Polícia Federal mantinha uma estrutura organizacional completamente defasada, com grande parte do modelo ainda remanescente de períodos dos governos militares, sendo uma corporação da administração federal muito exigida em termos de atribuições e cobranças de trabalho, mas pouquíssimo representativa nas dotações orçamentárias destinadas ao funcionamento de um órgão com atuação nacional.

Os quadros policiais em 2002 eram em número insuficiente, recebiam baixos salários e estavam sem aumentos havia cerca de dez anos. Tudo isso desestimulava muitos jovens a buscar essa carreira. Em passado ainda mais remoto, era notória a escassez de recursos materiais, à exceção em Brasília, que contava com condições razoáveis. Algumas sedes regionais da PF e delegacias descentralizadas se contentavam em receber viaturas desativadas de outras repartições públicas ou reaproveitar armamentos cedidos pelas Forças Armadas. Era também comum algumas unidades da PF requererem à Justiça o uso, a título precário, de bens apreendidos, como veículos, concedidos por liberalidade de juízes criminais.

Em termos de mobiliário, certas superintendências regionais e delegacias do interior tinham de garimpar móveis descartados por órgãos públicos, como Receita Federal e Banco do Brasil.

A situação dos prédios da PF era ainda mais precária. Muitos não tinham condições mínimas para representar dignamente uma polícia. Existiam prédios alugados com constrangedores pagamentos atrasados. Os que eram da União precisavam de reformas urgentes. (Mas é importante ressaltar que, mesmo com tanta precariedade, os poli-

A GUINADA REPUBLICANA DA PF

ciais federais geralmente eram disciplinados e dedicados e buscavam superar essas limitações de meios.) A situação organizacional da PF era desprestigiada pelos sucessivos governos até 2002, na comparação com os demais órgãos da administração federal. Isso se refletia muitas vezes na reduzida eficiência da gestão. Anos antes do processo de redemocratização, não havia a atualização da quantidade de cargos de chefias em níveis de comando no órgão policial, as antigas DAS (segundo denominação da época, Direção e Assessoramento Superior), que exigiam decisões de maior responsabilidade e relevância.

Na mais alta estrutura da diretoria-geral da PF havia um único cargo DAS. As chefias mais importantes abaixo do diretor-geral, que respondiam pela administração central em Brasília, eram do nível intermediário, revelando a baixa significância dada aos setores mais expressivos do poder hierárquico na polícia judiciária da União.

Em 2003, com a ajuda decisiva do ministro Thomaz Bastos, ocorreu a primeira grande reestruturação de cargos de confiança na história da PF. As antigas coordenações-gerais acabaram e foram criadas sete diretorias no órgão central:

1. Diretoria Executiva (Direx)
2. Diretoria de Combate ao Crime Organizado (Dicor)
3. Diretoria de Inteligência Policial (DIP)
4. Diretoria Técnico-Científica (Ditec)
5. Corregedoria-Geral (Coger)
6. Diretoria de Administração e Logística Policial (DLOG)
7. Diretoria de Gestão de Pessoal (DGP)

Todas eram subordinadas ao diretor-geral e tinham o status de DAS. O órgão central passou a contar com oito diretorias, em vez de uma só. Nesse pacote, as funções subordinadas imediatamente às novas diretorias no órgão central se beneficiaram também por meio de estruturas ampliadas, com a melhor distribuição das chefias em níveis de coordenações-gerais, coordenações, divisões e serviços, grande parte voltada para as atividades fins do órgão. Elas foram fundamentais para viabilizar a criação e implantação de novas delegacias nas superintendências regionais das 27 capitais dos estados brasileiros, inclusive as Delegacias de Repressão aos Crimes Contra o Meio Ambiente e Patrimônio Histórico.

Para a melhoria dos métodos de gestão foi implantada uma novidade na estrutura da administração central: criou-se a primeira Coordenação-Geral de Controle Interno da Polícia Federal, para instruir e disseminar o conhecimento das normas orçamentárias, os limites e as obrigações nos gastos públicos e a necessária transparência dos atos da administração. Na mesma ocasião, foi criada na estrutura da Diretoria de Combate ao Crime Organizado a nova Divisão de Repressão a Crimes Contra o Patrimônio (DPAT), que tinha entre as suas atribuições reprimir crimes praticados por quadrilhas de roubo de cargas ou de roubo a bancos, quando caracterizada atuação de âmbito interestadual.

Nos novos tempos de valorização da PF, policiais federais de reconhecida experiência profissional foram convidados a assumir as recém-criadas diretorias do órgão central – ao longo de algumas décadas, tive a oportunidade de trabalhar

A GUINADA REPUBLICANA DA PF

em inúmeras missões de relevância com vários deles. O mesmo critério foi aplicado nas superintendências regionais. O foco era premiar competência e dedicação.[1] Isso provocou uma espécie de despertar para o início de uma nova realidade na qualidade dos serviços prestados pela PF.

A revolução digital que varria o mundo exigia modernos meios de trabalho, necessários às múltiplas áreas de funcionamento do órgão. Tanto a polícia judiciária quanto a polícia administrativa careciam de recursos de qualidade superior e em quantidade suficiente. A escassez de meios, que atingia inclusive a polícia técnica e científica, chegava ao ponto de a perícia criminal federal necessitar de constantes ajudas de laboratórios de universidades ou ainda de outros órgãos de criminalística nos estados, de modo a cumprir, mesmo de modo precário, com suas funções previstas na Constituição. Muitos policiais federais, com nível de instrução superior, vários com mestrado e doutorado, ficavam frustrados pela sobrecarga de tarefas complexas sem meios compatíveis para executá-las. Em outros casos,

---

1 Para o comando das novas diretorias criadas na PF em Brasília foram nomeados os delegados Zulmar Pimentel dos Santos (Direx), Getúlio Bezerra Santos (Dicor), Renato Halfen da Porciuncula (DIP), Alciomar Goersch (DLOG), Neide Alves Almeida Alvarenga (Coger), Maria do Socorro Santos Nunes Tinoco (DGP) e o perito criminal federal Geraldo Bertolo (Ditec). Participaram ainda como dirigentes das novas diretorias, de 2003 a 2007, os delegados José Roberto Alves dos Santos (DGP) e José Ivan Guimarães Lobato (Coger). Nas superintendências da PF nos estados foram empossados dirigentes como os delegados Jaber Makul Hanna Saade (PR), Roberto Precioso Jr. (RJ), Sonia Melo Estela (MG), José Francisco Mallmann (RR), Geraldo José de Araujo (SP), Wilson Sales Damazio (PE), José Ferreira Sales (PA), Valquíria Souza Teixeira de Andrade (DF), entre outros experientes policiais.

alguns profissionais eram subutilizados em procedimentos elementares, refletindo muitas vezes na baixa eficácia dos serviços, pela falta de instrumentos de trabalho adequados. Enquanto isso, a criminalidade organizada se beneficiava com o surgimento das novidades tecnológicas.

Nesse difícil cenário, iniciamos os pleitos para elevar as dotações orçamentárias da PF e, concomitantemente, passamos a trabalhar em outra vertente, de implementação ainda mais difícil. No governo anterior, na presidência de Fernando Henrique Cardoso, a PF tomou iniciativas institucionais a partir da visão idealista do delegado Celso Aparecido Soares. Ele conseguiu habilitar a instituição para obter acesso a linhas de crédito externo, com juros especiais, junto a bancos europeus. Os recursos teriam de ser destinados à modernização da segurança pública em países que cumprissem determinados requisitos. Após um longo processo burocrático, que contou com aprovação do Senado, o governo concordou que houvesse compras financiadas por bancos franceses e alemães para aquisição de equipamentos de alta tecnologia para uso policial, fabricados naqueles países. Todavia, as aquisições se resumiram à compra de computadores e foram logo suspensas, com as liberações de crédito interrompidas, principalmente em razão dos graves problemas econômicos que o Brasil atravessava em 2001 e 2002.

Para a Polícia Federal, a providência natural seria postular, agora na gestão petista, o reexame do assunto. Mas havia um óbice quase intransponível, já que a política econômica do governo Lula era radicalmente contrária

A GUINADA REPUBLICANA DA PF

ao endividamento externo. Acabara, inclusive, de romper relações com o Fundo Monetário Internacional (FMI) ao quitar a dívida externa brasileira com essa instituição.

Desde as conversas preliminares com Márcio Thomaz Bastos, explicamos detalhadamente os reais benefícios daquele projeto e o seu previsível retorno em termos de qualidade policial para o país. Passamos a realizar contínuas reuniões entre técnicos do Ministério da Justiça e da Polícia Federal. Logo Márcio Thomaz Bastos se convenceu de que a ideia era viável; entusiasmou-se de tal modo, que ele próprio sugeriu convidarmos para as discussões técnicas servidores dos ministérios da Fazenda e do Planejamento.

FINANCIAMENTO EUROPEU

Com as tratativas do ministro junto a seus pares da área econômica, o governo brasileiro autorizou, excepcionalmente, o reinício de negociações com os financiadores estrangeiros, através da empresa Sofremi (Societé Française d'Exportation de Materiels, Systemes et Services du Ministére d'Intérieur), da França.

Em consequência, foram viabilizadas condições para a reativação dos programas Pró-Amazônia e Promotec, que disponibilizou, a partir de 2004, linhas de créditos em bancos franceses e alemães para o reequipamento e a modernização da PF, no valor de US$ 420 milhões (o equivalente a R$ 1,23 bilhão, corrigido pelo dólar médio do Banco Central em 2004). A PF nunca vislumbrara tanto dinheiro na sua história. Com isso, poderia adquirir as melhores ferramentas tecnológicas usadas pelas mais renomadas forças policiais do mundo e construir instalações adequadas para receber os modernos equipamentos de alta precisão.

O objetivo principal do programa Pró-Amazônia era efetivar a presença da PF na Amazônia Legal, com a instalação de novas unidades e bases operacionais em áreas críticas. Visou especialmente à prevenção e repressão dos crimes de sua competência nos estados do Acre, Amapá, Amazonas, Maranhão, Mato Grosso, Pará, Rondônia, Roraima e Tocantins. Já o programa Promotec previa a ampliação e modernização das unidades operacionais e do segmento técnico-científico da PF, para enfrentar a atuação do crime.

A compra de equipamentos para os dois programas contou com a assessoria de uma empresa especializada, que atuava em sintonia com especialistas da PF, sempre seguindo as orientações do Tribunal de Contas da União (TCU). Houve milhares de novas aquisições que representaram mudanças efetivas no padrão de qualidade das atividades da PF. Ressalto, a seguir, algumas.

O Instituto Nacional de Criminalística (INC), construído e equipado com recursos do Pró-Amazônia e Promotec, teve seu moderno prédio inaugurado em 28 de março de 2005, em Brasília, em área superior a 10 mil metros quadrados. É formado por um complexo de laboratórios destinado às mais variadas especialidades periciais, que exigiram instalações compatíveis para os Laboratórios de Química Legal, Genética Forense, DNA, Balística, Informática, Audiovisual e Eletrônico, Geofísica, Geoprocessamento, Engenharia e Meio Ambiente, Perícia em Gemas, Perícias

Contábeis e Econômicas, Perícias em Documentos, Atuação em Bombas e Explosivos e Perícia em Locais de Crimes. Esses laboratórios foram inaugurados com equipamentos científicos de ponta. É um dos maiores e mais completos centros de perícias criminais do mundo.

Houve a aquisição do primeiro grande sistema automatizado de identificação criminal em nosso país, o Automated Fingerprint Identification System (Afis), instalado no Instituto Nacional de Identificação (INI) da Polícia Federal, em Brasília, que aboliu antigos procedimentos de pesquisa e arquivamentos manuais de impressões datiloscópicas, ubstituídos por tecnologia digital.

Também foram adquiridos 1.148 veículos operacionais ostensivos, 11 lanchas blindadas, 31 botes infláveis e 5 mil pistolas Glock, de fabricação austríaca, uma para cada policial operacional. Foram implantados sistemas digitais de radiocomunicação, sistemas eletrônicos de voz e dados, sistemas de monitoramento telefônicos e de sinais telemáticos.

INVESTIMENTO INÉDITO

O quadro de recursos orçamentários começou a mudar após o reconhecimento, pelo governo, de que era indispensável situar a PF no mesmo nível de recursos destinados a outros órgãos federais de atuação nacional. Em 2004, houve um aumento na dotação orçamentária de 18% sobre o ano anterior, num total de R$ 2,065 bilhões (moeda da época). Em 2005, o orçamento da PF cresceu para exatos R$ 2.181.816.056,00, um aumento de 5,62%. A dotação de 2005 correspondeu a inéditos 41% do total de recursos destinados ao Ministério da Justiça. Sem o ministro e sem o presidente Lula, isso não teria ocorrido.

Com a elevação orçamentária da PF, foi possível abrir processos licitatórios destinados à contratação de serviços de engenharia para a construção de novas sedes de superintendências regionais em capitais dos estados e em delegacias no interior, além de reformas de instalações policiais.

Houve a construção e inauguração de modernas sedes da PF em Curitiba, Paraná; Vila Velha, no Espírito Santo; e em Natal, no Rio Grande do Norte. A sede em Porto Alegre, no Rio Grande do Sul, passou por ampla reforma e modernização. Foi construída uma nova sede da delegacia da PF em Foz do Iguaçu, Paraná, a maior e mais importante unidade fora das capitais.[2]

---

2 Houve também a construção de delegacias em Imperatriz (Maranhão), Jataí (Goiás) e Uberlândia (Minas Gerais). A delegacia de Santos (São Paulo) foi reformada. Teve início a construção da delegacia da PF em Presidente Prudente (São Paulo) e houve reforma parcial do então edifício-sede da PF em Brasília. Foi elaborado o projeto básico e estudo de engenharia para manter a sede na Praça Mauá, no Rio de Janeiro. Passou por reforma e ampliação a Coordenação de Aviação Operacional (CGAV) da PF no aeroporto de Brasília. A sede do Instituto Nacional de Criminalística (INC) em Brasília passou por ampliação e modernização. Foi construído o Serviço de Criminalística em Rio Branco (Acre). Foram instaladas as delegacias da PF em Angra dos Reis e Volta Redonda (Rio de Janeiro), Patos (Paraíba), Mossoró (Rio Grande do Norte), Lages (Santa Catarina), Altamira (Pará), São Mateus (Espírito Santo), Santa Cruz do Sul (Rio Grande do Sul), Cruzeiro (São Paulo), Caxias (Maranhão) e Cascavel (Paraná). Fernando de Noronha ganhou um posto avançado. Todas os imóveis eram entregues com mobiliário completo novo, seguindo padrão nacional definido pela Diretoria de Administração e Logística, e equipamentos de informática.

Um item que necessitava de urgente decisão quando assumi a direção-geral da PF era a baixa qualidade do antigo passaporte brasileiro, um dos mais fáceis de se falsificar e muito cobiçado pelo crime organizado. Em 2002, ainda no governo de Fernando Henrique Cardoso (FHC), a proposta aceita pela Comissão da Polícia Federal, no Programa de Modernização do Passaporte Brasileiro, não oferecera uma solução técnica de confiança, pois fora apresentada por empresa de tecnologia bancária recém-criada. Ela venceu a licitação, mas a nossa administração não homologou o resultado, por apresentar riscos de segurança dos passaportes.

A solução definitiva veio do próprio governo. A Polícia Federal assinou os contratos para a confecção do novo passaporte brasileiro com duas empresas públicas, vinculadas ao Ministério da Fazenda – a Casa da Moeda do Brasil e o Serviço Federal de Processamento de Dados (Serpro). O contrato previa a confecção de um milhão de cadernetas, atendendo ao nível de segurança exigido no International Civil Aviation Organization (ICAO). É uma agência especializada da Organização das Nações Unidas (ONU) que tem por objetivo o desenvolvimento de princípios e técnicas de navegação aérea, além de estabelecer regras de segurança e eficiência dos serviços de transportes aéreos internacionais. Todos os requisitos de segurança foram cumpridos, e houve economia de recursos em relação à empresa que havia vencido a licitação.

Outro exemplo de inovações tecnológicas foi quando a Coordenação-Geral de Controle da Segurança Privada (CGCSP), sob a administração do delegado Adelar Anderle,

O MINISTRO QUE MUDOU A JUSTIÇA

deu início ao desenvolvimento do sistema de Gestão Eletrônica de Segurança Privada (GESP), para a fiscalização eletrônica on-line das variadas exigências de controle das mais de 2 mil empresas de segurança privada regulares, autorizadas a prestar serviços de vigilância em todo o Brasil. Os controles eletrônicos se estendiam aos mais de 500 mil vigilantes credenciados pela PF para os diversos tipos de trabalho no campo da segurança privada. O programa foi desenvolvido pelo Serpro, acabando com centenas de documentos que as empresas tinham de entregar à PF.

Pela primeira vez o Comando de Aviação Operacional (CAOP) da PF passou a ter, em 2005, uma aeronave de maior porte, o EMB-145, da Embraer, para cinquenta passageiros. Era destinada a atender o crescimento das demandas com as grandes operações policiais, que passaram a exigir planejamento e nova logística de transporte aéreo de policiais operacionais. Servia também para transportar maior quantidade de pessoas detidas. Havia décadas a PF utilizava apenas aeronaves de porte pequeno nos trabalhos do órgão, geralmente aviões apreendidos na repressão ao tráfico internacional de drogas.

O ponto da mais alta prioridade para assegurar a regularidade e a consistência dos trabalhos da PF, o mais importante de todos, era suprir a enorme defasagem de recursos humanos. Havia necessidade urgente de abertura de concursos para as carreiras policiais e os servidores de apoio administrativo.

A PF tinha 9 mil servidores ao final do governo FHC, em 2002, e no primeiro ano do governo Lula em 2003. Num curto espaço de tempo, 3 mil se exoneraram, motivados pelas mudanças nas leis da aposentadoria. Restaram pouco mais de 6 mil servidores. O ministro posicionou-se a favor da PF e conseguimos autorização para a abertura de novos concursos públicos, ano a ano.

Após a aprovação no concurso, os candidatos participavam de cursos de formação policial em Brasília, a derradeira etapa para admissão na PF.

Para isso, a Academia Nacional de Polícia (ANP) profissionalizou sua gestão, reestruturou-se e requalificou seu quadro de professores, gerando eficiência que permitiu absorver em seus cursos de formação policial, sob regime de internato, em tempo integral, a cada ano, cerca de mil candidatos para os cargos de delegados, peritos criminais, agentes, escrivães e papiloscopistas.[3]

Nos quatro anos de primeiro mandato do presidente Lula, tornou-se comum o ministro prestigiar solenidades de formatura de novos policiais federais na ANP. A instituição de ensino voltou a ser motivo de orgulho para os integrantes da Polícia Federal. Thomaz Bastos costumava dizer: "Gostei, bonita formatura."

O grande esforço para conseguir novos servidores fez com que a PF ampliasse seus quadros de forma expressiva. Ao final de 2006, havia mais de 13 mil profissionais concursados na corporação. Em 2003, o efetivo era de cerca de 7 mil policiais e funcionários administrativos.

---

3 Naqueles anos, a ANP foi bem dirigida pelos seguintes delegados de PF: José Roberto Alves dos Santos, Viviane da Rosa, Valdinho Jacinto Caetano e Anísio Soares Vieira.

A ANP teve outras atribuições, como a criação dos Telecentros (Centros de Ensino a Distância), implantados com equipamentos de última geração – um telecentro para cada superintendência regional. Houve a realização dos primeiros cursos de pós-graduação em Segurança Pública, aplicados pela Fundação Getulio Vargas (FGV), em parceria com a ANP, destinados a policiais federais que faziam o Curso Superior de Polícia (para delegados e peritos) e o Curso Especial de Polícia (para agentes, escrivães e papiloscopistas).

A ANP também ministrou cursos para profissionais de segurança pública de todo o país, através de canal de TV fechado e na internet. Na forma presencial, instituiu-se o Curso de Atualização Policial (CAP), destinado aos policiais federais mais antigos em atividade, que retornavam à ANP em Brasília depois de longos anos, onde interagiam com policiais mais jovens, recebiam aulas sobre os mais recentes conceitos do trabalho, além de participarem de palestras de motivação profissional. O efeito era impressionante: eles voltavam às suas unidades completamente revigorados, sentindo-se estimulados.

Outro feito da academia foi a parceria com a superintendência regional no estado do Amazonas, para a implantação de um campus na selva, a pouco menos de 90 quilômetros de Manaus, apenas acessível por meio de embarcação, pelo rio Caieiras, ou por ar, com helicópteros. O setor da PF usado para treinamento de guerra na selva sofreu reformas; foram construídos novos setores para o ensino do combate a crimes contra o meio ambiente. Deu-se início a cursos especializados na área ambiental. Policiais federais e funcionários de órgãos parceiros vivenciavam *in loco* métodos para impedir a devastação.[4]

Na gestão de Thomaz Bastos no Ministério da Justiça houve a reparação de um equívoco histórico sobre a PF. Em 2004, segundo a história contada na época, a Polícia Federal deveria comemorar 40 anos. Se essa versão fosse verdadeira, em 2024 a PF comemoraria 60 anos, em vez de 80. Seria um fato histórico equivocado a se perpetuar no tempo para os policiais federais modernos, não fosse o inconformismo de um delegado da Polícia Federal, no Rio de Janeiro, Edir Carvalho. Ele havia ingressado no antigo Departamento Federal de Segurança Pública (DFSP), órgão criado em 1944 na então capital da República.

Carvalho dizia que era um equívoco que a reorganização do DFSP pela Lei nº 4.483, de 16 de novembro de 1964, fosse interpretada como uma nova fundação. De acordo com ele, houve a troca de nome para Departamento de Polícia Federal, mas a instituição existia desde 1944. Para dirimir as dúvidas, foi constituído um grupo de trabalho,

---

4 No dia 17 de novembro 2004 foi inaugurado o novo Centro de Integração em Polícia Ambiental (Ciapa), um grande acontecimento regional que teve as presenças do ministro da Justiça, da ministra do Meio Ambiente, Marina Silva, que proferiu aula magna, o governador do estado, Eduardo Braga, o ministro-chefe do Gabinete de Segurança Institucional, Jorge Armando Felix, além dos principais dirigentes da PF, da Fundação Nacional dos Povos Indígenas (Funai), do Instituto Brasileiro do Meio Ambiente e dos Recursos Naturais Renováveis (Ibama) e do Instituto Nacional de Colonização e Reforma Agrária (Incra).

presidido pelo delegado de Polícia Federal Alberto Lasserre Kratzl Filho.[5]

A comissão, depois de um longo trabalho de pesquisa, considerou quatro possíveis marcos de criação da Polícia Federal:

1. A primeira data seria em 1808, ano da chegada de d. João VI ao Brasil, com a criação da Intendência-Geral de Polícia da Corte do Estado do Brasil.
2. A segunda foi quando o chefe de Polícia do Distrito Federal, no Rio de Janeiro, em 30 de março de 1907, pelo Decreto nº 6.440, criou o Corpo de Investigações e Vigilância Policial. O decreto também instituiu a Academia de Polícia.
3. O terceiro marco foi o Decreto-Lei nº 6.378, de 28 de março de 1944, que transformou a Polícia Civil do Distrito Federal em DFSP.
4. A quarta possível data era o advento da Lei nº 4.483, de 16 de novembro de 1964, que reorganizou o então DFSP, ampliando as suas atribuições para o âmbito nacional.

O grupo de trabalho considerou como a data mais consistente de criação da Polícia Federal o dia 28 de março de 1944. A proposta foi submetida ao Conselho Superior de

---

5 O grupo foi criado por meio da Portaria nº 598/2004, da Diretoria de Gestão de Pessoal, de 15 de junho de 2004, para estudar e oferecer subsídios que possibilitassem ao Conselho Superior de Polícia definir a data de criação do Departamento de Polícia Federal.

Polícia, presidido pelo diretor-geral da PF, que a acolheu. O Conselho Superior de Polícia decidiu enviar a proposta ao Ministério da Justiça para que 28 de março fosse considerado o dia de criação da PF. A antiga data, 16 de novembro, passou a ser o Dia do Policial Federal.

O ministério acolheu a sugestão, e a modificação foi proposta à Casa Civil da Presidência, que confirmou a mudança com a edição do Decreto nº 5.279, de 22 de novembro de 2004. De acordo com essas normas legais, a Polícia Federal completou 80 anos em março de 2024.

GRANDES OPERAÇÕES

Foi durante a gestão de Márcio Thomaz Bastos que se implantou o conceito das grandes operações da Polícia Federal, com método investigativo fundado no aprimoramento da atividade de inteligência, o que otimizava seus resultados. Com nome próprio, essas operações começaram a despertar o interesse da grande mídia e passaram a ser acompanhadas pela população. Não raras vezes, o país era sacudido pela repercussão de alguma operação da PF, com ênfase no combate ao desvio de recursos públicos, tema que apresentei ao Márcio Thomaz Bastos antes mesmo das nossas posses nos cargos, como ponto cardeal de orientação segura para as ações da PF, sem descuidar das tantas responsabilidades inerentes ao órgão, como controle de fronteiras e narcotráfico.

A mudança de metodologia investigativa de polícia atribuía especial atenção para a atividade de inteligência policial, seguida de meticuloso e complexo planejamento operacional, daí partindo para a realização de diligências ostensivas, articuladas e simultâneas em várias cidades do Brasil, mediante emprego de grande contingente de policiais federais. Todo o trabalho policial tinha prévia autorização dos juízes criminais e anuência de membros do Ministério Público.

A coordenação das investigações era centralizada em Brasília, numa das três recém-criadas diretorias da direção-geral: Diretoria Executiva (Direx), Diretoria de Combate ao Crime Organizado (Dicor) e Diretoria de Inteligência Policial (DIP), conforme a natureza dos crimes investigados. Havia participação ativa da superintendência regional de cada estado, onde seria a principal base de ações fora da capital federal.

A contínua prática desse trabalho, fundado em atividades planejadas, gerou a expertise que ensejou o surgimento de rotinas inovadoras, padronização e normatização de procedimentos operacionais, motivando a criação de manuais de atuação policial em nível nacional e na capacitação de servidores.

Muitos policiais federais contribuíram para criar e consolidar a prática das megaoperações, mas destaco o delegado Zulmar Pimentel dos Santos, diretor-executivo, e vice-diretor-geral da PF. Com sua larga experiência profissional, partindo da seletividade das investigações de crimes complexos e de grande porte, liderou verdadeira transformação nos trabalhos operacionais da PF ao coordenar e aperfeiçoar as ações policiais com foco na repressão à alta corrupção e aos crimes contra a administração pública. Era uma contraposição à cultura de guerra às drogas, o mais delineado objetivo da PF por várias décadas.

As megaoperações usavam diretrizes inovadoras que se revelaram exitosas no combate ao crime institucionalizado. A primeira providência foi colocar de lado a prática cartorária do inquérito policial tradicional. Essa tradição burocrática contava com um delegado e um escrivão realizando oitivas isoladas de suspeitos, desconectadas em relação à totalidade dos outros membros das organizações criminosas. As novas operações passaram a reunir um grupo multifuncional de policiais federais, centralizando e maximizando as investigações em torno dos principais alvos, ao mesmo tempo e em localidades diferentes. As análises eram feitas logo após a coleta das informações, o que retroalimentava o universo investigativo. Tudo feito com autorização da Justiça e acompanhamento do Ministério Público.

Nunca é demais lembrar que as operações policiais da PF no passado sempre aconteceram e várias delas tiveram resultados exitosos. Mas não eram exatamente iguais ao modelo adotado a partir de 2003.

Antes, a quantidade de operações e o número de alvos eram bem menores, proporcionais aos reduzidos meios disponíveis na época. Algo até natural para uma força que tinha escassos recursos e para um país cuja legislação penal e processual patinava no passado. Outro ponto a ser ponderado: as ações de inteligência de antigamente tinham como foco uma única cidade, onde se concentravam os esforços de análise das informações. Depois de certo período de apuração, a operação policial ostensiva era executada apenas naquela localidade, no intuito de desarticular a quadrilha. As possíveis ramificações surgidas em outros estados, e especialmente no exterior, não costumavam ser investigadas e desbaratadas na mesma operação. Era mais comum os subsídios recolhidos serem posteriormente enviados pelo canal de inteligência para avaliação e prosseguimento independente pela unidade policial que fosse julgada adequada.

A principal especialidade da PF no passado era a repressão ao tráfico internacional de drogas, com desmonte de quadrilhas e prisões de importantes traficantes brasileiros e estrangeiros. Os policiais eram altamente especializados. Havia um incômodo. Ao assumir a PF, o nosso grupo se deparou com reportagem informando que investigações de combate às drogas no Brasil contavam com o apoio material e financeiro informal da Embaixada dos Estados Unidos, em Brasília.[6]

Uma análise do assunto apontou que não havia respaldo legal para a PF receber ajudas para pagamento de despesas

---

6 A reportagem de Bob Fernandes que revelou o financiamento dos Estados Unidos à PF foi publicada na *Carta Capital*, nº 185, 17 abr. 2002, com o título "A prova: como os EUA pagam contas da Polícia Federal". Uma menção a essa reportagem aparece em Luis Nassif, "A espionagem americana no Brasil, por Bob Fernandes", *GGN*, 19 jul. 2023, disponível em: <https://jornalggn.com.br/politica/a-espionagem--americana-no-brasil-por-bob-fernandes/>.

de serviços prestados na repressão a drogas. Ainda que a intenção pudesse ser altruísta, em 2003 tomamos a iniciativa junto àquela representação diplomática de interromper as inadmissíveis contribuições veladas. Mas foi mantida a cooperação técnica no campo policial. O ministro da Justiça comunicou a decisão à embaixada.

Das antigas operações da PF recordo que havia investigações em menor escala no campo da polícia fazendária, com trabalhos de combate ao contrabando e descaminho, especialmente nas áreas de fronteira, como a operação Café, em 1979. Naquela época, porém, não existia a definição de crime organizado na legislação brasileira. Vigia o tipo penal de quadrilha ou bando, do Código Penal Brasileiro de 1940. A Lei nº 9.034/1995 deu pela primeira vez um novo conceito de organização criminosa, ainda que de modo incipiente. Só em 1998 surgiu a legislação de lavagem de dinheiro, com a Lei nº 9.613, que criou o Conselho de Controle de Atividades Financeiras (Coaf).

Essas leis e a disposição do governo de dar os recursos necessários às investigações da PF permitiram a criação de um modelo operacional de alta performance, com articulação de tarefas, horários rigidamente definidos, comunicações criptografadas, uso de transporte aéreo, terrestre, marítimo ou fluvial, conforme a necessidade. Havia também o pronto apoio de investigadores de campo e analistas às vésperas das deflagrações, de maneira a viabilizar diligências simultâneas e confiáveis em várias cidades do Brasil, com o emprego de grande número de policiais federais, não raro surpreendendo os alvos, para

O MINISTRO QUE MUDOU A JUSTIÇA

o cumprimento de ordens judiciais de prisão preventiva, prisão temporária e busca domiciliar. Havia cuidados especiais na arrecadação de documentos e arquivos eletrônicos, com o uso de malotes padronizados e lacrados, para evitar que fossem descartados pela Justiça como provas ilícitas.

As primeiras investigações com o novo modelo, a partir de 2003, foram voltadas para apurar suspeitas de crimes de corrupção envolvendo servidores da própria PF. Sabíamos que era um percentual reduzido no contingente geral de policiais federais. As duas primeiras operações receberam os nomes de Sucuri, em Foz do Iguaçu, e Anaconda, em São Paulo.

Elas não só representavam uma ação exigida por casos concretos de infrações penais como eram também uma referência simbólica de que estávamos atentos e agiríamos com o mesmo rigor no âmbito interno. Como havia eventuais crimes atribuídos ao grupo de suspeitos que conviviam com o nosso trabalho diário, o rigor do sigilo era ainda maior, para impossibilitar vazamentos de informações.

Com as mesmas técnicas, passamos a centrar esforços no combate à malversação de recursos públicos, fenômeno que impacta no desenvolvimento econômico do país, encarecendo o chamado "Custo Brasil". Ainda que existam eventuais falhas nessas apurações, os resultados foram considerados altamente positivos no conjunto. Há um legado de aperfeiçoamento das atividades de polícia judiciária no Brasil com o surgimento das chamadas grandes operações policiais.

Tive todo o apoio de Márcio Thomaz Bastos nessa empreitada. Ele sabia que era preciso ir a fundo nessa questão.

Ocorre que, não raras vezes, as operações da PF de combate à corrupção atingiam agentes públicos e lideranças políticas de vários matizes ideológicos, nas três esferas de poder e nos três níveis da federação. As reações eram esperadas. E nisso o ministro se revelou um extraordinário e honrado gestor público. Jamais me solicitou qualquer coisa indigna do cargo, nenhuma atenção especial a ninguém, nenhum favor a quem quer que fosse. Em respeito à instituição, ele nunca quis saber de detalhes das investigações, algumas das quais duravam meses, já que um dos métodos era deixar o grupo criminoso agir e acompanhar a atividade ilícita, uma técnica investigativa moderna.

Havia um método. Na nossa rotina de despachos diários, no primeiro horário de expediente de Márcio Thomaz Bastos no ministério, tratávamos de assuntos administrativos de interesse da PF e do Ministério da Justiça. Porém, na manhã em que uma operação era deflagrada, no instante em que ocorriam prisões e o cumprimento de mandados de busca e apreensão, o despacho rotineiro era substituído por algo mais denso, quando eu relatava a ele sobre o escopo e o alcance da investigação e os alvos. Evitava assim que o ministro da Justiça só viesse a saber dos fatos pelos jornais.

Os alvos da investigação, muitas vezes, eram conhecidos empresários, operadores do sistema financeiro e líderes políticos – com ou sem mandato. Surgiam apoiadores do governo entre os alvos. O ministro ouvia tudo em absoluto silêncio e fazia poucas anotações. Quando as informações já eram públicas, ele se dirigia ao Palácio do Planalto para dar ciência ao presidente do que estava acontecendo. Com isso, as investigações ficavam intactas, a cadeia de provas era preservada, os mandados eram cumpridos e a PF exercia seu papel constitucional, sem interferência. Nunca houve um único episódio de vazamento de informações. Foi um período de grande autonomia de gestão e de atuação técnica da PF. Márcio Thomaz Bastos sempre blindou a instituição de assédios políticos, reclamações e intrigas próprias de ambiente de governo. Com sua genialidade, ele cunhou a seguinte frase, que uso como lema: "A Polícia Federal é republicana. Ela não persegue, mas não protege ninguém." Ele começou a usar essa definição para a PF em 2003.

Nem todas as investigações eram contra alvos do chamado crime de colarinho branco. O mais expressivo exemplo era a recém-criada Divisão de Repressão a Crimes Contra o Patrimônio (DPAT), que tinha entre as suas atribuições reprimir crimes praticados por quadrilhas de roubo de cargas ou de roubo a bancos. A primeira e mais destacada investigação dessa divisão foi o roubo ao Banco Central do Brasil, em Fortaleza, em 2005. É considerado até hoje o maior roubo da história do país. A quadrilha levou cerca de R$ 165 milhões.

O delegado da PF Antônio Celso Santos e sua equipe fizeram um trabalho de inteligência brilhante, monitorando os principais suspeitos em tempo real. Com apoio do Comando de Operações Táticas (COT) da PF, sob a chefia do delegado Daniel Gomes Sampaio, localizaram e prenderam num mesmo local 29 criminosos de alta periculosidade. Eram membros da facção criminosa PCC, de São Paulo. Eles se passavam por empregados de empresa de restauração predial e escavaram por vários dias túneis sob ruas do centro de Porto Alegre. Quando já prontos para invadir e roubar a caixa-forte de dois bancos, dois estabelecimentos bancários próximos um do outro, foram surpreendidos pela PF. Os criminosos não tiveram tempo de reagir. Foram presos sem troca de tiros. Não houve feridos de nenhum dos lados.

Outro legado memorável naqueles anos foi o combate sistêmico aos crimes ambientais pela PF. Merece registro, por questão de justiça, que a unidade de coordenação e controle no órgão central em Brasília, a Delegacia de Meio Ambiente e Patrimônio Histórico (DMAPH), foi instituída no segundo governo FHC. Porém, o braço operacional, as 27 novas delegacias instaladas em todas as superintendências regionais da PF nos estados, as Delegacias de Repressão a Crimes Contra o Meio Ambiente e Patrimônio Histórico (Delemaph), só foram criadas em 2003, no primeiro governo Lula.

A ministra Marina Silva, à época em sua primeira passagem pelo Ministério do Meio Ambiente, tornou-se grande apoiadora da nova estrutura concebida pela PF. Para entendermos a importância dessas inovações, antes disso a PF não atuava em crimes ambientais com estrutura e equipes especializadas. Não contávamos com especialistas nem com formação curricular específica na Academia Nacional de Polícia (ANP).

A criação das delegacias em 2003 colocou a repressão aos crimes ambientais no mapa da PF. Com poucos meses de atividades, já estávamos desenvolvendo projetos e operações repressivas. O delegado da PF Jorge Barbosa Pontes foi essencial para a consolidação dessa nova estrutura e se tornou referência na luta contra os crimes ambientais.

Uma das iniciativas mais ambiciosas desse período foi o Projeto Drake, da DMAPH, que tinha por objetivo trazer para a própria PF informações sobre as ameaças da biopirataria, com treinamento especializado e ênfase nas atividades de inteligência. O cartaz do projeto foi criado pelo escritor, jornalista e cartunista Ziraldo (1932–2024) e ainda é possível vê-lo em aeroportos brasileiros.

A operação Efeito Rolloff, fruto do Projeto Drake, resultou na primeira prisão pelo crime de biopirataria no país e foi objeto de dezenas de reportagens em jornais estrangeiros e documentários nas TVs da Alemanha e Noruega.

As delegacias de combate aos crimes ambientais foram extremamente produtivas. Realizaram dezenas de operações e aproveitaram o conhecimento criado pelas megaoperações. O resultado desse salto foi um guia prático de planejamento operacional para crimes ambientais.[7]

Em 2006, investigações contra madeireiras na Amazônia identificaram mais de uma centena de servidores públicos envolvidos em corrupção ambiental. Foram realizadas seis operações que desbarataram esquemas e quadrilhas que

---

7 Uma lista das investigações relevantes dessa época precisa incluir as seguintes operações: Pindorama, Feliz Ano Velho, Rosa dos Ventos (que se desdobrou em cinco edições), Isaías, Dragão, Euterpe, Touche, Gnomo (e suas quatro fases), Novo Empate, Curupira (duas fases), Isaías e Daniel na Toca dos Leões.

agiam na região norte. Essas ações, em especial, tiveram impacto na redução do desmatamento na Amazônia, fato identificado por satélites e celebrado como uma conquista do país naquela década. Entre 2003 e 2006, houve uma queda no desmatamento segundo as medições do Instituto Nacional de Pesquisas Espaciais (Inpe), de 25,1 mil km^2 para 14,1 mil km^2.[8]

Nesse período, a PF realizou uma série de acordos de cooperação internacional e intensificou a parceria com a Organização Internacional de Polícia Criminal, a Interpol.

O Brasil tinha antigos débitos com a entidade em atraso, mas quitou as dívidas no início do governo Lula. Em 29 de setembro de 2003, a Polícia Federal pleiteou sediar no Rio de Janeiro a mais importante reunião da Interpol. Em 2006, pela segunda vez em 83 anos, o Brasil sediou a Assembleia Geral da Interpol, um evento grandioso, com enorme projeção na comunidade policial internacional.

O Brasil passava vergonha com sua polícia marítima. O auge da crise ocorreu em 1999, quando a Organização Marítima Internacional, órgão das Nações Unidas voltado para segurança marítima, colocou em sua lista de insegurança portuária os dois principais portos brasileiros: Santos e Rio de Janeiro. Ambos foram considerados altamente perigosos para a navegação marítima por causa da elevada incidência de roubos à mão armada a navios ali atracados

---

8 A queda no desmatamento está registrada em tabela publicada no site do Inpe no seguinte endereço: <http://www.inpe.br/noticias/arquivos/pdf/tabelaprodes_2001-2008.pdf>.

e fundeados. A preocupação chegou a tal ponto, que o órgão recomendou que seus associados evitassem operar embarcações nesses dois portos.

Na época, a Polícia Federal decidiu criar o Núcleo Especial de Polícia Marítima, com atuação inicial apenas em Santos e no Rio de Janeiro. A medida tinha por finalidade prevenir e reprimir crimes praticados a bordo contra navios.

Em dezembro de 2002, o Ministério da Justiça, através da Comissão Nacional de Segurança Portuária nos Portos, Terminais e Vias Navegáveis (Conportos), publicou o Plano Nacional de Segurança Pública Portuária. Com o novo governo, a partir de janeiro de 2003, a Polícia Federal incluiu a área de polícia marítima nos seus planos de reestruturação para atacar a segurança portuária. Os setores especializados da PF em Santos e no Rio de Janeiro constataram que o elevado volume de roubos em navios nos dois maiores portos brasileiros decorria em grande parte da ausência de repressão policial permanente. Faltavam policiais capacitados e recursos adequados. Foram investidos cerca de R$ 40 milhões em equipamentos, como lanchas blindadas, botes infláveis, equipamentos de mergulho, armamentos e construção de instalações apropriadas aos postos do Núcleo Especial de Polícia Marítima (Nepom). Diversas quadrilhas foram desbaratadas e diversos "piratas modernos", presos. Com o sucesso desse modelo, foram criados núcleos de combate aos piratas no Rio Grande do Sul, Santa Catarina, Paraná (Foz do Iguaçu e Paranaguá),

Rio de Janeiro (Itaguaí), Espírito Santo, Bahia, Pernambuco, Ceará, Pará e Amazonas.[9]

O crescimento exponencial do crime organizado internacional fez com que a PF aumentasse a sua presença em outros países. Para intensificar a cooperação policial internacional, a recém-criada Assistência de Relações Internacionais (ARIN), chefiada pelo delegado Gilson José Ribeiro Campos, promoveu o trabalho de aproximação com os adidos policiais de diversos países, como Portugal, Estados Unidos, África do Sul, França, Espanha, Austrália, Peru, Itália e Inglaterra, sediados em suas respectivas embaixadas em Brasília, com os quais se estabeleceram relações de grande interesse para facilitar a realização de cursos destinados à capacitação de policiais. Vários policiais federais realizaram treinamentos nos Estados Unidos, em academias do FBI e da DEA, e escolas da Espanha e Alemanha, entre outros países.

De fundamental importância foram os estudos e entendimentos realizados pela PF junto ao Ministério da Justiça e o Ministério das Relações Exteriores destinados à ampliação do número de adidâncias em outros países.

---

9 O principal idealizador e executor das mudanças na estrutura da Polícia Marítima da PF foi o delegado Luiz Carlos de Carvalho Cruz, que exerceu as funções de coordenador da Comissão Estadual de Segurança dos Portos (Cesportos), no Rio de Janeiro, e de presidente da Conportos, do Ministério da Justiça. A implantação do Nepom foi fundamental para o cumprimento das convenções internacionais pelo Brasil, em especial o Código Internacional para Proteção de Navios e Instalações Portuárias (ISPS CODE), implantado no Brasil em 1º de julho de 2004.

Até 2003 só existiam adidos na Argentina, na Colômbia e no Paraguai. Nos quatro anos da gestão do ministro foram implantadas adidâncias no Uruguai, no Suriname, em Portugal e na França. Também foram acertadas nessa época, mas instaladas posteriormente, novas sedes nos Estados Unidos, Itália, Espanha e Reino Unido. Houve expansão na América do Sul (Bolívia, Chile, Peru, Guiana e Guiana Francesa) e América do Norte (México e Canadá).

IMAGEM

Um dos assuntos mais preocupantes nas ações da reestruturada PF era a sua imagem institucional, ainda não dissociada dos governos militares. Tanto que nas eleições de 2002 o programa de governo do candidato Lula da Silva considerava o Departamento de Polícia Federal como uma espécie de caixa-preta da administração pública – uma corporação policial fechada para a sociedade. Alguns formuladores de políticas do novo governo viam a PF de forma distante e negativa, algo na linha "decifra-me ou te devoro". Era inquietante por se tratar de integrantes de uma gestão governamental que se iniciava.

O ministro Thomaz Bastos sabia das minhas reservas à exposição pública e disse-me que achava prudente eu ter cautelas no contato com a mídia. Mas ele considerava necessário o órgão dar visibilidade e transparência ao seu trabalho, dentro dos limites de suas atividades. Estimulada pelas observações do ministro, a nova direção deu especial atenção para a Divisão de Comunicação Social da PF, trazendo para o setor o jornalista François René.[10]

A avaliação era de que a PF ainda não realizara uma transição adequada da sua imagem institucional para os tempos de consolidação da democracia. Esse objetivo só poderia ser atingido com a maior exposição das atividades da PF à sociedade. Era necessário reduzir a distância que havia com a imprensa, talvez resquício dos vínculos pretéritos da censura federal com a PF, até ser extinta pela Constituição de 1988. Também havia o Departamento de Ordem Política e Social (DOPS) do regime militar nas superintendências nos 27 estados. É oportuno esclarecer que os DOPS da PF foram substituídos logo no primeiro ano de governo, em 2003, pelas Delegacias de Defesa Institucional (Delinst), baseadas em princípios constitucionais adequados aos novos tempos. A Divisão de Comunicação Social teve papel decisivo no anúncio das mudanças que estavam ocorrendo na PF. Ao instituir o Sistema de Comunicação Social, essa divisão assumiu a tarefa de trabalhar pela melhoria das relações da PF com a mídia. Isso ocorreu no momento em que os veículos de imprensa passaram a despertar especial interesse para a novidade das grandes operações, cada vez mais frequentes.

O impacto na opinião pública mostrou a necessidade de a comunicação social estabelecer regras para a cobertura dessas ações policiais, para evitar riscos com eventual rea-

---

10 Ele reuniu um grupo de policiais federais formados em jornalismo, como o agente Bruno Craesmeyer. No início do projeto, adotou-se a figura do porta-voz, o delegado da PF Reinaldo de Almeida César.

ção armada de pessoas investigadas e não permitir invasão de privacidade.

Quando as operações ainda eram uma novidade, chamava atenção de todos a movimentação policial nas sedes da PF, logo ao nascer do dia. A saída de várias viaturas ostensivas – e seus deslocamentos para os endereços de busca, apreensão e da prisão de pessoas suspeitas – despertou um incomum interesse da imprensa. Os carros de TVs e jornais, independentemente da vontade da polícia, seguiam os veículos oficiais, em alta velocidade, com risco de acidentes. Importante lembrar que não havia, e nem há, o respaldo legal para a hipótese de a polícia impedir o acompanhamento da mídia em via pública. Depois os jornalistas buscavam registrar imagens das diligências ou prisões.

Tornou-se indispensável à comunicação social da PF criar rotinas e estabelecer regras mínimas, uma espécie de acordo de cavalheiros com a imprensa, para que a cobertura ocorresse sem atropelos. A Divisão de Comunicação Social coordenou por quase cinco anos as ações de comunicação em mais de 300 megaoperações, o que deu uma visibilidade inédita à atuação da PF. A caixa-preta do passado desaparecera.

As auditorias de imagem realizadas sobre a cobertura jornalística das atividades da PF comprovam o ganho que a corporação alcançou nesse período, com editoriais positivos nos jornais brasileiros e internacionais. Colunistas, formadores de opinião e o cidadão passaram a ver a PF de um novo modo. O forte impacto dessa ação provocou uma nova correlação de forças que permitiu a atuação reconhecidamente exitosa da instituição no período de 2003 a 2006. Houve melhoria do clima interno e da autoestima dos policiais federais. A PF agora aparecia em programas humorísticos, novelas e cordel.

O Departamento de Polícia Federal recebeu o Prêmio "Faz Diferença", do jornal *O Globo*, em 2004. Pelo voto direto de internautas, o diretor-geral da PF foi eleito a personalidade do ano.

Havia elogios, mas também críticas, sobretudo de advogados criminalistas, políticos e até juízes. Márcio Thomaz Bastos não se alterava com os ataques. Manteve a instituição blindada dos políticos.

A grandeza de espírito do ministro revelou-se ainda maior quando ele disse ao presidente da República que não teria condições de ficar no cargo se não conseguisse resolver dois graves problemas de gestão de pessoal na PF. Existia um grupo numeroso de policiais que haviam tomado posse *sub judice*, amparados por decisão judicial por causa de um conturbado concurso público de admissão realizado uma década antes. Naquela altura, eram experientes policiais, tinham realizado com êxito o curso de formação na academia e estavam há anos prestando ótimos serviços à corporação, muitos no cargo de chefia.

Mas havia a angústia de uma precária decisão judicial que, a qualquer momento, poderia ser revertida. O ministro e sua equipe no MJ trabalharam junto à Casa Civil até que o assunto fosse resolvido, beneficiando delegados, peritos, agentes, escrivães e papiloscopistas.

O MINISTRO QUE MUDOU A JUSTIÇA

Outro problema era um grave impasse salarial que se arrastava nas intermináveis mesas de negociação de governo. Havia duas necessidades: o reajuste salarial e a correção de distorções por conta da disparidade de ganhos entre policiais antigos e mais modernos, alguns com incorporações de gratificações criadas ao longo dos anos e outros não, às vezes exercendo as mesmas funções. Havia caso em que o servidor subordinado recebia mais que seu superior hierárquico. O contracheque era uma salada de siglas que ninguém entendia direito.

O ministro conseguiu resolver essa aflitiva situação. O quadro da PF foi uma das primeiras categorias de servidores a receber "subsídio" como forma de remuneração, a partir de seu pioneiro reconhecimento de que era "carreira típica de Estado". Houve um significativo aumento salarial, após os servidores ficarem quase dez anos sem aumentos. O contracheque dos policiais passou a ter uma única linha: subsídio.

Em 2010, eu estava fora do nosso país trabalhando na Embaixada do Brasil em Lisboa como adido da PF. A Associação Nacional dos Delegados de Polícia Federal (ADPF) decidiu homenagear Márcio Thomaz Bastos. Na nova sede que estava em vias de inaugurar em Brasília, a diretoria decidiu, por unanimidade, sob a liderança do delegado Reinaldo de Almeida César, criar o Auditório Ministro Márcio Thomaz Bastos. Na inauguração, o ministro descerrou uma placa com seu mantra na época do Ministério da Justiça: "A Polícia Federal não persegue, nem protege. Ela é republicana."

RAZÕES DO SUCESSO

Há muitas tentativas de explicar as razões pelas quais Márcio Thomaz Bastos investiu no aprimoramento institucional na PF, em especial nas atividades de polícia judiciária. Uma explicação bastante plausível diz que, como antigo advogado de defesa e conhecedor da necessidade da igualdade de armas no processo criminal – a manutenção do equilíbrio entre as forças de acusação e defesa –, ele via a necessidade de uma polícia forte e bem-estruturada ao assumir a postura de homem de Estado. Foi por isso também que deu total autonomia ao diretor-geral da PF para enfrentar desafios do milênio que se iniciava. Qualquer que seja a motivação, o que ocorreu foi uma mudança histórica. Os que se dedicarem a estudar a vida de Thomaz Bastos devem reconhecer que estão diante de um dos grandes personagens da história recente do país.

4. ENQUANTO ISSO, NA SALA DE JUSTIÇA...

Marcelo Behar e Pedro Abramovay

Tivemos o privilégio de conviver com Márcio Thomaz Bastos diariamente por quatro anos trabalhando como assessores diretos no início de nossa vida adulta. Ao lado de brilhantes colegas (alguns deles que também trazem memórias neste livro) fomos parte da "creche do dr. Márcio", formada por jovens vindos em sua maioria do curso de direito da USP, a quem o desafio de ir para Brasília e participar do primeiro governo Lula era uma oportunidade única. E foi mesmo. Como o ministro Roberto Lyra (o primeiro após a redemocratização que mandara retirar todas as placas de "proibido" do Palácio da Justiça) definira sobre o ministério: lugar animado com temas que vão da tanga à toga. Certamente a segurança pública foi e continua sendo um dos temas mais animados com os quais trabalhamos como política pública.

E Márcio Thomaz Bastos era do ramo. Por décadas foi advogado no tribunal do júri, acompanhando os piores casos de violência a partir da difícil perspectiva da defesa. Mais de quarenta anos na advocacia criminal em contato diário com ministros das cortes supremas, desembargadores

O MINISTRO QUE MUDOU A JUSTIÇA

dos tribunais de Justiça, a magistratura federal e estadual, membros do Ministério Público das duas esferas, delegados das polícias civis e federal. Antes de se tornar ministro, tivera uma vida em meio aos operadores da segurança pública. Somadas a essa experiência, tinha características pessoais que facilitavam muito o diálogo e a compreensão da matéria: era bem-humorado (destravava diálogos), curioso (fazia perguntas simples sem ter medo de parecer ignorante sobre qualquer matéria) e arguto (lia bem e rapidamente pessoas e situações).

Durante os anos da Constituinte se aproximou do Partido dos Trabalhadores e do presidente Lula. Deu seu apoio em todas as campanhas presidenciais desde 1989. Possivelmente por estar à frente da advocacia e sinceramente acreditar que não seria o ministro da Justiça quando da eleição certa de 2002 (não faltavam candidatos preparados ao posto), não fez parte da articulação do Plano Nacional de Segurança Pública proposto pelo então candidato. Mas, uma vez na cadeira, assegurou a sua implementação. Formou uma equipe tecnicamente robusta, sem preocupação eleitoral ou de composição partidária, e apostou pesadamente em uma ampla equipe de profissionais muito jovens e dedicados.

Com conhecimento do tema, montando uma equipe comprometida e empenhada e formando uma ampla rede de trocas, possibilitou dar início à implementação de uma série de iniciativas em paralelo que tem conexão direta com o tema da segurança. Aliás, esta era uma das crenças daquela gestão: segurança não é apenas um tema de polícia e repressão, mas só pode ser conduzida a partir de um olhar integrado com as demais engrenagens do sistema jurídico que moldam o sistema. E havia, no contexto da estruturação das políticas, uma interpretação do Brasil que trazia as contribuições de Raymundo Faoro e Florestan Fernandes, ambos pensadores com quem Márcio Thomaz Bastos conviveu e dos quais era sincero admirador. Deles vieram as ideias de que o peso do estamento burocrático vindo da colonização deforma a representação política e a vida social brasileira e a certeza de que em nossa sociedade as revoluções são passivas, mas ocorrem.

Inspirada por essas ideias e pelo Plano Nacional de Segurança Pública, amplamente discutido com a sociedade durante a campanha, a gestão de 2003-2007 marcou uma inflexão fundamental no papel do governo federal na área. No passado, esse tema recebeu respostas frágeis e ocasionais (a gestão da presidência anterior teve nove ministros da Justiça em oito anos, com perspectivas totalmente distintas e contraditórias sobre o papel do Estado). Pela primeira vez, o Governo Federal se dispôs a assumir seu papel na segurança pública e criou uma série de instituições que transformaram a relação federativa no tema.

É preciso lembrar que o governo Lula se inicia com uma crise gigantesca na área. Os governos estaduais não conseguiam garantir o cumprimento da pena do sentenciado Fernandinho Beira-Mar e empurravam o condenado entre estados, em claro sinal de falência penitenciária. No mesmo ano, adotou-se o péssimo instituto de Garantia da Lei e da Ordem, para utilização das Forças Armadas a fim de garantir a realização do carnaval de 2003. Vínhamos também de frequentes megarrebeliões em presídios e casas de custódia, sobretudo no estado de São Paulo. Desde seu início, a gestão começa a trabalhar em diferentes frentes para fazer avançar a agenda da segurança pública.

CRIAÇÃO DE UM SISTEMA PENITENCIÁRIO NACIONAL

O sistema penitenciário nacional estava previsto desde 1984 na Lei de Execuções Penais com a função não de abrigar presos da Justiça Federal, mas de abrigar presos de alta periculosidade. Todas as administrações anteriores se recusaram a tirar o sistema do papel, e apenas em 2006 o governo inaugurou a primeira unidade.

Adequadas aos padrões internacionais de respeito a presos, servem como verdadeira válvula de escape para os sistemas prisionais estaduais. Não apenas a localização de Fernandinho Beira-Mar deixou de ser um problema que afetava a segurança do país, mas passou a ser possível enviar presos que poderiam gerar distúrbio nas prisões estaduais para os presídios federais, transformando definitivamente o sistema carcerário no Brasil. De 2006 a 2009, as rebeliões em presídios (um dos mais sérios problemas de segurança pública no país até o governo Lula) foram reduzidas em 80% em função da criação do sistema.

CRIAÇÃO DA FORÇA NACIONAL DE SEGURANÇA PÚBLICA

O Governo Federal não dispunha de nenhum instrumento para uma intervenção direta na segurança pública no Brasil até o início do governo Lula. E, por isso, tinha que lançar mão das Forças Armadas a cada vez que os estados não conseguiam lidar com crises locais de segurança ou com a garantia da segurança de grandes eventos. A criação da Força Nacional de Segurança Pública foi um engenhoso mecanismo: sem precisar criar cargos ou uma nova estrutura policial, construiu-se uma força capaz de intervenções em momentos de crise (ataques de crime organizado, greve de polícias, descontrole em presídios) até para eventos de grande porte.

A força transformou o papel do Governo Federal na segurança e foi responsável por termos em 2007, nos Jogos Panamericanos, o primeiro grande evento internacional que não precisou convocar militares para a garantia da segurança. E abriu a possibilidade de auxílio federal aos estados, como na virada de 2007, quando o Comando Vermelho cortou as vias de acesso ao Rio de Janeiro. Foi a Força Nacional, e não as Forças Armadas, que garantiu a retomada da normalidade no estado.

CRIAÇÃO DOS GABINETES INTEGRADOS DE SEGURANÇA PÚBLICA

Pela primeira vez a transferência de recursos do Fundo Nacional de Segurança Pública foi condicionada ao cum-

O MINISTRO QUE MUDOU A JUSTIÇA

primento de uma série de exigências por parte dos estados, obedecendo a critérios técnicos. Um dos critérios era a criação de Gabinetes de Gestão Integrada (GGI), nos quais pela primeira vez todos os órgãos federais e estaduais de segurança pública de um estado se sentavam à mesma sala e planejavam ações conjuntas. Esse instituto trouxe enorme melhoria na coordenação da segurança não apenas entre esferas federativas, mas, sobretudo, entre as próprias polícias estaduais, cuja integração na maior parte dos estados é complexa. A vinculação dos repasses ao estabelecimento dos GGIs também permitiu que as áreas de inteligência se expandissem e aprimorassem, indo além da tradicional demanda dos estados para armamento e frota que não aprimoram a capacidade de resolução de conflitos.

FORTALECIMENTO DA POLÍCIA FEDERAL

A PF em 2003 estava sucateada e desmotivada, com baixos salários. Um esforço de combate interno à corrupção, aliado à valorização salarial e a investimentos em tecnologia, possibilitou que a Polícia Federal tivesse uma participação muito mais efetiva no combate ao crime organizado e à lavagem de dinheiro. A escolha do diretor-geral, Paulo Lacerda, um experiente e dedicado delegado, estabelecia um novo modelo de gestão, no qual o delegado responsável pela investigação não era o mesmo responsável pela operação de contenção delitiva. Isso foi decisivo para o sucesso das investigações. Centenas de operações foram realizadas em áreas que a polícia pouco ou nada atuava, como crimes

80

previdenciários, no sistema de saúde pública e no combate ao desmatamento, apenas para citar algumas.

Combinado com a criação dos GGIs, esse processo foi tão bem-sucedido, que gerou uma onda de secretários de Segurança Pública vindos da Polícia Federal nos estados. Esse movimento em si não é necessariamente positivo, mas é um reflexo do protagonismo que os órgãos federais tiveram, pela primeira vez, na segurança pública.

COMBATE À LAVAGEM DE DINHEIRO

Com a reforma da Lei de Lavagem de Dinheiro proposta pelo governo, o fortalecimento da PF, a criação da Estratégia Nacional de Combate à Corrupção e à Lavagem de Dinheiro (ENCCLA) e a doação aos Ministérios Públicos e policiais civis dos estados de laboratórios de combate à lavagem de dinheiro, o país viu uma transformação na forma de se combater o crime organizado, saindo das operações menores para operações com capacidade de afetar a saúde financeira das organizações criminosas. Importante lembrar que, desde a primeira ENCCLA, foram promovidos os diálogos e as pontes que geraram novos institutos para o trato da matéria que transformaram a forma como o poder público passou a atuar. Importante reconhecer também que, ao fortalecer o tema e ampliar o papel dos agentes públicos, alguns passaram a confundir instrução processual com sua vontade pessoal e política, e atropelos institucionais que sempre existiram passaram a ser ampliados como nunca na história deste país...

ESTATUTO DO DESARMAMENTO

Desde o início da gestão em 2003, o foco no controle de armas de fogo foi central e objeto de atuação direta do ministro. A comunicação dos cadastros da Polícia Federal e do comando do Exército, até então absolutamente estanques, permitindo inclusive a ampla circulação de armas apreendidas, foi iniciada. Muita energia política foi posta em marcha com governo e oposição em um amplo e célere diálogo para aprovar em um ano nas duas casas legislativas o chamado Estatuto do Desarmamento.

Tínhamos a meta inicial de recolhimento de cerca de 80 mil armas, número aproximado ao que o Paquistão recolheu após a sua guerra civil, mas a campanha foi um sucesso e retirou mais de 500 mil armas de circulação.

Segundo dados do Instituto de Pesquisa Econômica Aplicada (Ipea), a curva de homicídios no Brasil, que fora ascendente por décadas, teve sua primeira queda em 2005, em razão do êxito do recolhimento de armas de circulação.

Claro que nem tudo foi exitoso. O sucesso da Campanha do Desarmamento liderada pelo governo deu ao Congresso a iniciativa de propor um referendo sobre o controle das armas. Apesar de o governo não poder se posicionar formalmente no pleito, a vitória do "Não" ao controle foi sentida como uma derrota. Outras propostas que constavam no programa de governo, como a desmilitarização das polícias, nem chegaram a ser formalmente enviadas ao Congresso. E nosso eterno esforço para frear a sanha punitivista legislativa, com seus constantes aumentos de pena sem qualquer estudo ou fundamento, apenas para aplacar a opinião pública, nem sempre foi possível. Márcio Thomaz Bastos amava citar um pensamento do marquês de Beccaria, segundo o qual "o que diminui o crime não é o tamanho da pena, mas a certeza da punição". Nunca achamos a citação, mas ele falava com tanto gosto, que decidimos manter as aspas.

E a gestão se deu em um momento no qual já se sabia que o papel de dados e da informação seria cada vez mais relevante, mas ainda engatinhávamos no uso dela para a segurança, posição na qual o país ainda tem muito a evoluir. Quando apresentado aos sistemas integrados de inteligência policial, ele perguntava por casos cujo andamento já sabia de cabeça, recebia um vazio como resposta, olhava para o lado e dizia "isso aqui ainda pode melhorar muito". Ainda pode.

Por fim, impossível lembrar da gestão Thomaz Bastos e falar sobre segurança pública sem lembrar os enormes avanços produzidos no campo da memória e da transparência. O combate a essa outra forma de violência muito presente na história do Brasil, calada, institucional, avessa ao sol da cidadania, era um imperativo para ele. Citava sempre uma ideia de Rui Barbosa, segundo ele "razão de Estado, sigilo por força maior, proteção da ordem pública; onde estiveres conhecerei teu nome: prevaricação". Foi um ferrenho patrocinador da abertura dos arquivos do serviço secreto brasileiro, que garantiu que saíssem fisicamente da Agência

O MINISTRO QUE MUDOU A JUSTIÇA

Brasileira de Inteligência (Abin) e fossem custodiados no Arquivo Nacional para que tais violências não se repetissem. A gestão colocou no ar e deu publicidade pela primeira vez a todos os gastos que tinha e fez o piloto do Programa de Transparência que foi utilizado pela Controladoria-Geral da União (CGU), estruturada a partir de 2003 e que permitiu avanços republicanos como a Lei de Acesso à Informação. Em todas as discussões ministeriais sobre os temas de sigilo, foi frontal defensor da abertura e da transparência, sabedor de que o olho público curva a violência.

Todos os dias de sua gestão, ele fazia uma reunião com dirigentes das secretarias e principais assessores às 9h, para compartilhar como seria o dia e conversar sobre o que achávamos dos principais assuntos em discussão no governo, no Congresso, com os governos estaduais ou na imprensa. Lidava com leveza com temas pesados. Saltava sobre ameaças e pressões. Dizia aos poderosos em problemas com a lei que procurassem um advogado; a missão dele ali era outra. Depois de ter sido por quarenta anos um renomado advogado dedicado à defesa da liberdade de forma mais ampla, tornou-se um grande homem público.

5. MÁRCIO E A REFORMA DO JUDICIÁRIO

Pierpaolo Cruz Bottini, Sérgio Renault e Beto Vasconcelos

Homenagear Márcio Thomaz Bastos não é tarefa simples. Por mais que se escrevam e descrevam seus atributos, nunca será possível fazer jus ao que o advogado representou na realidade para os amigos, familiares e para o país. Difícil circunscrever em linhas os impactos de conviver com ele, com sua serenidade, razoabilidade e capacidade de encontrar soluções para os mais difíceis problemas e de desenhar estratégias de atuação claras e objetivas.

Talvez a melhor forma de revelar sua personalidade e forma de atuação seja descrever sua atuação em uma questão específica, a reforma do Judiciário. Fomos testemunhas e coadjuvantes de um processo profundo de reforma e de enfrentamento de resistências, que não teria sido possível sem o comando de Márcio Thomaz Bastos.

Em 2003, o recém-empossado presidente da República, Luís Inácio Lula da Silva, afirmou em discurso que era necessário abrir a caixa-preta do Poder Judiciário, conhecer suas entranhas, seus números, e reformar sua estrutura em prol de uma Justiça mais célere e acessível. Márcio Thomaz Bastos, então ministro da Justiça, criou a Secretaria de Reforma do Judiciário para executar a difícil tarefa.

Foi um momento difícil na relação entre Executivo e Judiciário, como se podia imaginar. Houve resistência, indignação, e mesmo quem alegasse a inconstitucionalidade de uma secretaria que violava a *independência entre os poderes*.

Mas, aos poucos, Márcio demonstrou que o governo não tinha o objetivo de interferir na atividade jurisdicional, nem questionar sua lisura, mas apenas somar ao planejamento de políticas para aprimorar a prestação de serviços. Ainda que ao Executivo não coubesse *julgar*, havia uma parcela de *culpa* desse Poder pela morosidade da Justiça, uma vez que era um dos maiores litigantes.

A partir de então, magistrados e membros do Executivo sentaram-se à mesa, arregaçaram suas mangas e começaram a desenhar um plano para reformar não o Judiciário, mas o sistema de Justiça como um todo. Desses trabalhos participaram, pelo Executivo, o homenageado e os autores deste artigo; pelo Judiciário, personagens como o então ministro do STF Nelson Jobim e o então juiz federal Flávio Dino; e pela academia, professores do porte de Ada Pellegrini Grinover e Athos Gusmão Carneiro. Todos com uma questão – quais os maiores problemas da Justiça atual, e a vontade de respondê-la com propostas e projetos concretos.

O PACTO E AS REFORMAS NO SISTEMA DE JUSTIÇA

O resultado desses esforços foi a celebração do primeiro Pacto de Estado por um Judiciário mais Rápido e Republicano, firmado entre o Executivo, o Legislativo e o Judiciário, com o escopo de unificar esforços para aprimorar a prestação jurisdicional.

Os resultados foram importantes, e até hoje marcam o sistema judicial.

O primeiro deles foi a aprovação da Emenda Constitucional nº 45, que criou o Conselho Nacional de Justiça (CNJ) e estabeleceu a súmula vinculante, conferiu autonomia para as defensorias públicas, quarentena para juízes, tempo mínimo de experiência jurídica para o ingresso na carreira judicial, definiu a possibilidade da federalização dos crimes contra os direitos humanos e unificação dos critérios de concurso.

Márcio costumava dizer que era a abertura constitucional da caixa-preta. Para ele, a emenda era um marco para um novo Judiciário, mais aberto, transparente e responsável.

Para além da alteração constitucional, o Pacto também alterou a legislação infraconstitucional. Foram apresentados 26 projetos de lei, e aprovados cerca de 15, na seara do processo civil, penal e trabalhista, que conferiram mais celeridade à tramitação das demandas. O denominador comum de todas as propostas foi a busca de soluções jurídicas para problemas concretos, apontados por magistrados, advogados, membros do Ministério Público, defensores públicos e demais integrantes da comunidade jurídica, que militavam cotidianamente nas instituições judiciais.

O critério que norteou as sugestões foi justamente a racionalidade prática dos institutos processuais, sua utilidade e sua eficiência para a efetiva solução das lides. Temas como execução de títulos judiciais e extrajudiciais, processos repetitivos, divórcios e inventários extrajudiciais, processos eletrônicos, provas no processo penal, tribunal do júri, e muitos outros foram abordados, debatidos e se tornaram propostas específicas, votadas e aprovadas no Congresso Nacional.

Mas a reforma processual não foi suficiente. Márcio dizia que a verdadeira reforma do Judiciário não viria de leis ou da Constituição, mas da reformulação de atos gerenciais, cotidianos, que muitas vezes eram o maior entrave no andamento dos processos. Afirmava que havia uma reforma silenciosa, fora dos holofotes, que deveria ser estimulada e provocada.

Com base nisso, a secretaria voltou-se para a articulação, em conjunto com o Judiciário, de ações e projetos relevantes para superar os obstáculos burocráticos à prestação jurisdicional, como o uso de meios tecnológicos para a prática de atos e reformas nas regras do funcionamento dos cartórios. Também foram estimulados o aprimoramento da comunicação interna entre os órgãos judiciais e a troca de informações relevantes com instituições externas. Foi desenvolvido, em conjunto com o CNJ e o Departamento Nacional de Trânsito (Denatran), um sistema de penhora on-line de veículos e de imóveis, e uma biblioteca virtual de regularização fundiária.

Nesse contexto, foi criado o Prêmio Innovare, um dos maiores legados da secretaria, para estimular boas experiências que pudessem ser replicadas em todo o território nacional. Até hoje uma referência no campo da inovação, o prêmio tem incentivado juízes, promotores, advogados e

MÁRCIO E A REFORMA DO JUDICIÁRIO

a sociedade civil a desenhar e implementar ideias voltadas à modernização e ao acesso à Justiça.

Márcio costumava, ainda, apontar que o desenvolvimento do sistema formal de solução de desavenças pelo Judiciário era relevante, mas mesmo a melhor estrutura seria incapaz de resolver todos os litígios, sendo relevante buscar alternativas extrajudiciais para tal objetivo.

Nesse sentido, a secretaria apresentou ao Congresso Nacional proposta legislativa para tornar obrigatória a tentativa de mediação em todo processo que versasse sobre direitos disponíveis. Ademais, publicou um diagnóstico sobre as experiências de mediação no Brasil, a fim de identificar os principais avanços e problemas e possibilitar a construção de políticas de incentivo a programas de soluções extrajudiciais de litígios.

Em relação à arbitragem, a secretaria formou uma comissão para o desenvolvimento de estratégias de fomento a essa forma de solução de conflitos e de combate à utilização fraudulenta do instituto. Ao final de 2006 foi lançada uma cartilha de informação à população sobre a arbitragem e suas principais características, com o escopo de prevenir os cidadãos sobre práticas ilegais. Foi ainda incentivada a justiça restaurativa, com o objetivo de minimizar a atuação do sistema de repressão penal para determinadas formas de criminalidade, com a implementação de diversos projetos pilotos em distintas regiões do país.

Em relação ao acesso à Justiça, a Secretaria de Reforma do Judiciário optou por fortalecer a defensoria pública. Márcio costumava apontar a notável importância da instituição para a consolidação do acesso à Justiça no Brasil. Para isso, defendeu como prioridade, nas discussões para a aprovação da Emenda Constitucional nº 45, a aprovação da autonomia orçamentária e funcional das defensorias, apresentou anteprojeto de reformulação da Lei Complementar nº 80/1994 (organização da defensoria pública) e apoiou a criação de cargos na Defensoria Pública da União.

Por fim, toda e qualquer reforma só é possível se os problemas forem conhecidos. Por isso, a pedido de Márcio, a secretaria convocou pesquisadores e cientistas sociais, como a professora Maria Tereza Sadek, e publicou diagnósticos sobre diversos órgãos e carreiras do sistema judicial, com o objetivo de definir políticas de fortalecimento e expansão dos serviços, dentre os quais o Diagnóstico do Poder Judiciário (2004), da defensoria pública (2004), dos sistemas alternativos de administração de conflitos (Mapeamento Nacional de Programas Públicos e Não Governamentais), dos juizados especiais cíveis e do Ministério Público. Também foram editadas obras com os seguintes temas: o Judiciário e a Economia, a Reforma do Processo Civil Brasileiro, a Reforma do Processo Trabalhista Brasileiro, a Reforma do Processo Penal Brasileiro, as Novas Direções na Governança da Justiça e da Segurança e a Reforma Silenciosa da Justiça (2006).

Em relação ao trabalho de levantamento de dados, a secretaria ainda pode desempenhar um papel relevante no sentido de buscar informações sobre o impacto das novas leis processuais aprovadas em 2005 e 2006 no funcionamento da Justiça.

Com Márcio à frente, a Secretaria de Reforma do Judiciário marcou época e contribuiu para um sistema de Justiça mais acessível e transparente. Por óbvio, não resolveu todos os problemas, e os avanços não são imunes a ataques e retrocessos. O homenageado sempre apontava o caráter perene da atividade de reforma e a comparava à do jardineiro que tira plantas de uma estrada. A cada dia sem atenção ou trabalho, corre-se o risco de perder as conquistas, de o mato retomar o caminho.

Mas foi um início. A caixa-preta foi aberta, escrutinada, debatida, convertida em pauta de interesse público. Se assim permanecerá, o tempo dirá. Mas foi mérito de Márcio ter dado um importante passo para um Judiciário mais republicano, aberto e transparente.

6. LAVAGEM DE DINHEIRO E COOPERAÇÃO JURÍDICA INTERNACIONAL

Antenor Pereira Madruga Filho e Carolina Yumi de Souza

Em 2003, cinco anos após a implementação da Lei de Lavagem de Dinheiro, em 3 de março de 1998, a quantidade de inquéritos e processos relacionados a esse delito permanecia notavelmente baixa no Brasil. Até 2002, referências a esse tipo de crime eram inexistentes na jurisprudência do Tribunal de Justiça de São Paulo. Durante esse mesmo intervalo, o Tribunal Regional Federal da 3ª Região (São Paulo e Mato Grosso do Sul) analisou apenas seis acórdãos sobre o tema.

Ao assumir o Ministério da Justiça, Márcio Thomaz Bastos estava convicto de que enfrentar a criminalidade, em especial a organizada, não seria eficaz se o Estado não fosse capaz de identificar, apreender e confiscar os bens das organizações criminosas, frutos de suas atividades ilícitas.

Tornava-se crucial modificar a abordagem com que Polícia, Ministério Público e Poder Judiciário tratavam as organizações criminosas. Sabia-se que a abordagem convencional de investigar, processar, julgar e encarcerar os envolvidos no crime organizado não era suficiente. Assim

O MINISTRO QUE MUDOU A JUSTIÇA

como acontece em qualquer operação empresarial, a perda de membros implica a necessidade de recrutar novos colaboradores, mas raramente compromete a estabilidade da organização, principalmente quando ainda possui recursos e mercado para sustentar suas operações. Para realmente desmantelar uma organização, seja ela lícita ou ilícita, é essencial "estrangular" suas finanças.

Contudo, qualquer tentativa de identificar os produtos ou instrumentos de crimes exigia a efetiva implementação e aplicação da Lei de Lavagem de Dinheiro. Essa legislação, além de harmonizar a tipificação internacional da conduta de ocultação e dissimulação de recursos de origem ilícita e sua introdução mascarada na economia lícita, também estabelecia obrigações para o setor privado de monitorar e reportar, dentro de suas operações, qualquer suspeita de lavagem de dinheiro. Em resumo, era preciso promover a aplicação da Lei de Lavagem de Dinheiro.

Além da incipiente aplicação da Lei de Lavagem de Dinheiro, ainda em 2003 o direito penal e processual penal brasileiro eram marcados por concepção fortemente territorial e falta de familiaridade dos juristas e tribunais brasileiros com os princípios, normas e exigências da cooperação jurídica internacional. A jurisprudência do Supremo Tribunal Federal, por exemplo, não reconhecia cartas rogatórias estrangeiras executórias de natureza patrimonial nem contemplava a concessão de medidas cautelares dessa natureza em apoio a outras jurisdições.

Entretanto, uma impactante nova realidade da internacionalização do crime, na qual organizações criminosas passavam a atuar além-fronteiras, especialmente em atividades de lavagem de dinheiro, exigia também uma política de Estado para desenvolver no Brasil a cultura da cooperação jurídica internacional.

Nesse contexto, a equipe do ministro Márcio Thomaz Bastos planejou a criação de uma nova unidade dentro do Ministério da Justiça, denominada Departamento de Recuperação de Ativos e Cooperação Jurídica Internacional (DRCI), vinculada à Secretaria Nacional de Justiça, dirigida por Cláudia Chagas. O DRCI tinha duas missões principais: aumentar a eficácia da Lei de Lavagem de Dinheiro, facilitando assim a recuperação de instrumentos e produtos de crimes; e ampliar a extensão e a eficiência da cooperação jurídica internacional oferecida e recebida pelo Brasil.

COMBATE À LAVAGEM DE DINHEIRO: ESTRATÉGIA NACIONAL DE COMBATE À CORRUPÇÃO E À LAVAGEM DE DINHEIRO (ENCCLA)

O maior desafio era ampliar a eficácia da Lei de Lavagem de Dinheiro, o que implicava a colaboração de órgãos e instituições essenciais que não estavam subordinados ao Ministério da Justiça, como o Conselho de Controle de Atividades Financeiras (Coaf), a Receita Federal e o Banco Central, localizados na estrutura do Ministério da Fazenda, além da Controladoria-Geral da União (CGU), da Advocacia-Geral da União (AGU) e do Ministério das Relações Exteriores (MRE). Outras entidades importantes, que não

O MINISTRO QUE MUDOU A JUSTIÇA

estavam sequer subordinadas ao presidente da República, como o Ministério Público e o Poder Judiciário, bem como o setor privado, também eram cruciais.

A solução encontrada foi desenvolver uma "estratégia nacional", de caráter informal, organizada ou coordenada pelo Ministério da Justiça. A essa estratégia seriam convidados órgãos, instituições e pessoas-chave, que se comprometeriam voluntariamente a adotar metas (projetos) visando fortalecer o combate à lavagem de dinheiro. Um requisito fundamental era que essas metas fossem publicamente declaradas. Essa iniciativa foi denominada Estratégia Nacional de Combate à Lavagem de Dinheiro (ENCLA). Resolvemos que as metas para a primeira ENCLA deveriam ser pensadas em regime de concentração. Assim, os participantes foram convidados para ficar em imersão, durante um final de semana, na cidade de Pirenópolis, a 150 km de Brasília, sem as formalidades próprias das reuniões da capital, focados em pensar soluções.

A presença e participação efetiva do ministro Márcio Thomaz Bastos nesse final de semana de planejamento da ENCLA era essencial para que outros órgãos e autoridades também comparecessem. E, de fato, além dele e da secretária Nacional de Justiça, Cláudia Chagas, outras autoridades compareceram, essenciais para o êxito da primeira ENCLA, como o ministro Waldir Pires, da CGU; Gilson Dipp, do STF; Antonio Gustavo Rodrigues, presidente do Coaf; o Banco Central, representado por Ricardo Liao, hoje presidente do Coaf; Paulo Lacerda, diretor-geral da Polícia Federal; e tantas outras.

A primeira ENCLA (que até então só possuía um "C") ocorreu entre os dias 5 e 7 de dezembro e marcou o início de uma inédita articulação público-privada de órgãos e instituições voltados ao combate à lavagem de dinheiro.

A ENCCLA consubstancia as políticas de combate à corrupção e à lavagem de dinheiro por meio de uma rede de articulação institucional que mantém as estruturas de Estado em constante aperfeiçoamento de seus mecanismos repressivos e preventivos nessas áreas.

Desde essa primeira reunião foram discutidas questões fundamentais ao correto funcionamento do sistema (definiram-se 32 metas), como o compartilhamento de bases de dados de diversos órgãos públicos. Muitas propostas de alteração legislativa também foram apresentadas, merecendo destaque a relacionada ao aprimoramento da Lei nº 9.613/1998, que resultou na Lei nº 12.683/2012.

Passados vinte anos de sua criação, a ENCCLA apresenta resultados marcantes que alteraram profundamente o sistema brasileiro, sendo reconhecida internacionalmente como uma política bem-sucedida. Por exemplo, na última avaliação brasileira no Grupo de Ação Financeira Internacional (GAFI), ocorrida em dezembro de 2023, a ENCCLA foi objeto de elogios, uma vez que as recomendações do GAFI tratam expressamente da necessidade de articulação institucional nacional e da manutenção de políticas internas.

Também desde esse primeiro momento entraram na pauta questões ligadas à tipificação de condutas, como a de crime de organização criminosa (que, apesar de já em vigor a Convenção de Palermo, ainda não havia sido internalizada completamente).

Para facilitar a governança da ENCCLA, foi criado o GGI, com atribuições gerenciais, sendo uma estrutura em funcionamento até os dias atuais.

Tão acertados desde o início foram os diagnósticos, que outro projeto criado e que continua em pleno funcionamento até hoje é a Rede Nacional de Laboratórios de Tecnologia contra Lavagem de Dinheiro (REDE-LAB). A criação do Laboratório de Tecnologia contra Lavagem de Dinheiro (LAB-LD) foi fruto da meta 16 da ENCCLA 2006, levando em consideração a necessidade de desenvolver "soluções de análise tecnológica em grandes volumes de informações e para a difusão de estudos sobre as melhores práticas em hardware, software e a adequação de perfis profissionais".

A criação do Laboratório traz algumas lembranças marcantes. O ministro Márcio Thomaz Bastos tinha o costume de almoçar em um restaurante no Setor Hoteleiro Norte que possuía uma sala reservada e, assim, possibilitava a realização de reuniões. O projeto do Laboratório foi apresentado a ele em uma dessas reuniões. A equipe do DRCI levou um projetor e colocou o projeto na parede! O ministro se encantou pelo LAB e determinou sua implementação, pondo à disposição todos os recursos disponíveis.

O projeto foi tão bem-sucedido, que, em 2008, foi criada a REDE-LAB, para expandir o modelo a outros órgãos, sendo essas novas unidades atuantes em rede coordenadas pelo DRCI, abrangendo hoje todos os estados brasileiros e o Distrito Federal.

LAVAGEM DE DINHEIRO E COOPERAÇÃO JURÍDICA INTERNACIONAL

Partindo ainda do princípio da necessidade de capacitação dos agentes públicos, foi criado o Programa Nacional de Capacitação e Treinamento para o Combate à Corrupção e à Lavagem de Dinheiro (fruto da meta nº 25 da ENC-CLA 2004), que desde sua criação treinou mais de 30 mil agentes públicos.

No aniversário de dez anos da ENCCLA, em 2013, foi possível eternizar as palavras do ministro sobre a Estratégia:

> Lembro-me com alegria da criação da Estratégia Nacional de Combate à Lavagem de Dinheiro, há dez anos.
>
> A resposta de todos os participantes ao chamado do Ministério da Justiça foi tão positiva, que, já em 2006, o esforço coletivo tornou-se ainda mais ambicioso. Além de prevenir e combater a ocultação de ativos provenientes de fontes ilícitas, ele incorporou a luta contra a corrupção entre seus objetivos fundamentais.
>
> A ENCCLA é uma das mais bem-sucedidas políticas públicas de segurança já empreendidas pelo Estado brasileiro. O transcurso de uma década, que hoje celebramos, prova o seu elevado grau de institucionalização.
>
> A semente plantada em 2003 – com o cuidado de Cláudia Chagas, então Secretária Nacional de Justiça, e de Antenor Madruga, que lançava as fundações do recém-criado DRCI – transformou-se, pelo cultivo de sucessivas administrações, numa árvore bem enraizada no solo de nossa organização estatal.
>
> Todos conhecem os seus frutos: programas especiais de treinamento, aprimoramento da legislação penal, criação

O MINISTRO QUE MUDOU A JUSTIÇA

de sistemas de compartilhamento de informações de segurança pública, entre muitos outros. Graças à assinatura de acordos de cooperação jurídica internacional, hoje é muito mais fácil recuperar os recursos públicos enviados criminosamente para fora do país.

A definição clara de prioridades e o envolvimento dos participantes não são as únicas razões para o êxito da ENCCLA. A estratégia é original também na forma como articula as ações de diversos órgãos públicos e da sociedade. Inovou ao coordenar esforços até então dispersos e isolados.

O modelo tradicional de organização de nossa Administração Pública é hierarquicamente escalonado. Uma política eficiente de coordenação administrativa qualifica as iniciativas individuais, dando ao conjunto das ações o sentido de verdadeira política de Estado.

Além de ser nacional, a estratégia alcançou a realização de objetivos de longo prazo. Ela transcendeu os esforços das diferentes gestões que lhe deram a seiva e o vigor. Para combater a corrupção e a lavagem de dinheiro, os cidadãos brasileiros podem se orgulhar de uma política pública digna desse nome. Trata-se, sem exagero, de um modelo exemplar de programa de ação governamental.

E demonstrando que a visão do ministro estava correta: a ENCCLA chegou aos seus vinte anos!

A ENCCLA hoje congrega mais de oitenta órgãos, além de representantes da sociedade civil e da academia. Resistiu ao teste do tempo e demonstrou uma capacidade constante de se reinventar e de se tornar relevante, sendo responsável por projetos que transformaram nosso sistema.

LAVAGEM DE DINHEIRO E COOPERAÇÃO JURÍDICA INTERNACIONAL

E para demonstrar o impacto estruturante no sistema de prevenção à lavagem de dinheiro, citamos alguns dos projetos que se originaram dos trabalhos da ENCCLA:

- SNBA – Sistema Nacional de Bens Apreendidos, no âmbito do CNJ
- CEIS – Cadastro Nacional de Pessoas Inidôneas e Suspeitas
- CCS – Cadastro de Clientes do Sistema Financeiro Nacional
- SIMBA – Sistema de Investigação de Movimentações Bancárias:
  - o tipificação do suborno transnacional;
  - o regulamentação de Pessoas Politicamente Expostas (PEP);
  - o introdução no Código de Processo Penal de dispositivos que passaram a prever a alienação antecipada para a preservação do valor do bem; e
  - o tipificação do financiamento ao terrorismo.

COOPERAÇÃO JURÍDICA INTERNACIONAL: INOVAÇÃO DE INSTRUMENTOS E INSTITUIÇÃO E FORTALECIMENTO DA AUTORIDADE CENTRAL

Da mesma forma, a visão inovadora do ministro Márcio Thomaz Bastos foi a responsável por retirar o Brasil de uma situação de não cumprimento de diversas medidas e fazer com que hoje o país seja uma das nações mais conceituadas do mundo e que já internalizou os instrumentos de cooperação mais modernos.

A realidade da cooperação antes da criação do DRCI era completamente distinta. Apesar de o Ministério da Justiça tratar desse tema desde os tempos do império, a cooperação jurídica internacional, no início dos anos 2000, ainda era vista como mero procedimento, um amontoado de pedidos, em uma pequena sala do Ministério da Justiça.

E não somente isso. Alguns entendimentos, como o da "proibição" de cartas rogatórias executórias, que datam de 1847, ainda eram aplicados pela jurisprudência então vigente.

No Brasil, aliás, o primeiro ato normativo que tratou do instituto foi justamente esse de 1847, o Aviso de 1º de outubro de 1847, tratando da cooperação com Portugal (depois estendido por meio da Circular de 14 de novembro de 1865).

As cartas rogatórias foram primeiramente regulamentadas pela Circular de 12 de julho de 1978 do Ministério da Justiça, sendo esse órgão previsto como autoridade responsável pela concessão do *exequatur* (Lei nº 221, de novembro de 1894), em um procedimento eminentemente administrativo. Somente com a Constituição de 1934 essa atribuição passou realmente a ser do Poder Judiciário, com a competência do STF para tanto (o regulamento constava dos arts. 225 a 229 de seu Regimento Interno).

Com o advento da Emenda Constitucional nº 45/2004, essa atribuição, juntamente com a homologação de sentença estrangeira, passou a ser do Superior Tribunal de Justiça (STJ), que modificou diversos entendimentos da Suprema Corte acerca da matéria. Editou-se primeiramente o Ato nº 15, de 16 de janeiro de 2005, substituído pela Resolução nº 9, de 4 de maio de 2005.

O DRCI, então recém-criado, já participou ativamente dessa nova regulamentação. Essa possibilidade de interferir tão diretamente nesse tema foi-lhe franqueada pelo saudoso ministro Gilson Dipp, outra personalidade que marcou a história da cooperação jurídica internacional no Brasil.

A Resolução nº 9 alterou definitivamente a prática da cooperação, pois foi a primeira vez, no ordenamento jurídico brasileiro, que uma norma nacional passou a tratar do instituto do auxílio direto, diferenciando esse instrumento da carta rogatória em razão da necessidade de realização de juízo de delibação.

Com a introdução do auxílio direto e outras medidas, o Brasil ampliou a cooperação prestada a outras jurisdições (cooperação passiva), melhorando também a reciprocidade na cooperação ativa.

Outra questão relevante no âmbito da cooperação internacional foi a determinação de um órgão para atuação específica como autoridade central para cooperação jurídica internacional, independentemente da designação em um tratado ou convenção internacional. Isso possibilitou a criação de conhecimento estatal sobre a cooperação jurídica internacional que congrega informações sobre as características de cada país, aumentando as probabilidades de cumprimento célere de pedidos de cooperação. A autoridade central mostra-se fundamental diante da necessidade de compreender e interagir com diversos sistemas jurídicos.

Ademais, a existência da autoridade central possibilita contato direto entre suas congêneres e, assim, que também sejam resolvidas dúvidas e esclarecidos procedimentos de maneira mais efetiva.

A atuação da autoridade central, ainda na adaptação de nosso arcabouço legal, não se resumiu à sua participação na elaboração da Resolução nº 9.

O DRCI participou ativamente nos esforços para regulamentação da matéria no Código de Processo Civil (Título II) e na elaboração da Lei de Migração (Lei nº 13.445, de 24 de maio de 2017), que trouxe normas inovadoras quanto à extradição e introduziu em nosso ordenamento, de maneira clara, os institutos da transferência da execução da pena, com a homologação de sentença estrangeira para fins de cumprimento de pena, e transferência de pessoa condenada.

Hoje, o DRCI concentra, como autoridade central, todos os instrumentos e matérias relacionados à cooperação jurídica internacional: cooperação em matéria penal (o que inclui os temas ligados a crimes cibernéticos e correspondentes medidas processuais); cooperação em matéria civil; sequestro internacional de crianças e adolescentes; extradição; transferência de pessoas condenadas; e transferência de execução da pena. Além disso, conduz a negociação dos acordos relacionados à cooperação jurídica internacional, participando de diversas redes internacionais.

Foi um longo caminho – de uma pequena sala no Ministério da Justiça a uma grande estrutura que atua de maneira determinante para o cumprimento ágil e efetivo de pedidos de cooperação jurídica internacional, fruto do apoio e da visão inovadora do ministro Márcio Thomaz Bastos.

7. EM DEFESA DOS DIREITOS FUNDAMENTAIS DOS MENOS FAVORECIDOS

Luiz Armando Badin

Márcio Thomaz Bastos foi amplamente reconhecido, em vida, como advogado criminalista e homem público. Sua atuação profissional em defesa dos direitos fundamentais de pessoas e grupos socialmente vulneráveis, porém, é traço menos notado dessa personalidade multifacetada.

Em homenagem à sua memória, é justo recordar a defesa que fez de causas populares, em favor de negros, indígenas, presos e pessoas que sofrem violência no campo. Ele tinha plena consciência de que os direitos fundamentais de minorias são temas da mais elevada dignidade constitucional. Sabia que, em sua melhor expressão, o advogado é, antes de tudo, um cidadão. E destacou-se como ambos.

MARCO DA POLÍTICA INDIGENISTA

Em 15 de abril de 2005, o presidente da República assinou um decreto fundamental para a realização dos direitos originários dos povos indígenas, com impacto sobre o futuro das próximas gerações de brasileiros. Ao concluir a demarcação da terra indígena Raposa Serra do Sol, colocou um ponto-final em vinte anos de conflito e assegurou a realização do direito constitucional de cerca de 18 mil indígenas, primeiros habitantes de um dos lugares mais bonitos do país.

O Ministério da Justiça, então liderado por Márcio Thomaz Bastos, idealizou a solução do problema social e conduziu complexo processo político para implementá-la. No campo da sociedade civil, destacou-se uma jovem advogada, Joênia Wapichana, primeira mulher indígena a exercer a profissão. Nos anos seguintes, também abrindo caminhos pioneiros, elegeu-se deputada federal e veio a presidir a Fundação Nacional dos Povos Indígenas (Funai). O Ministério Público Federal foi representado por Ela Wiecko Castilho, que honrou o papel institucional de defesa dos interesses sociais na ordem jurídica democrática.

A homologação da terra indígena abriu uma nova etapa no desenvolvimento da região e afirmou a soberania do povo brasileiro sobre porção estratégica de nosso território. Outros interesses públicos nacionais relevantes também foram preservados.

Todos aqueles que se empenharam pelo cumprimento da Constituição sabiam como foi duro o caminho percorrido até chegar à decisão simbólica, hoje reconhecida como um dos pontos culminantes da política indigenista brasileira, a despeito das controvérsias relativamente pacificadas em anos posteriores.

Boa parte dessas dificuldades se deve ao fato de que Raposa Serra do Sol sintetizava, de maneira exemplar, as contradições

EM DEFESA DOS DIREITOS FUNDAMENTAIS DOS MENOS FAVORECIDOS

da sociedade brasileira, bem como seus desafios geopolíticos e culturais. Falamos de uma área de cerca de 1,7 milhão de hectares – Portugal e Bélgica têm, juntos, aproximadamente esse tamanho –, na qual viviam, e ainda vivem, na fronteira com a Guiana e a Venezuela, cinco etnias diferentes.

Joaquim Nabuco, estadista do império, em sua célebre defesa na Questão da Guiana, referiu-se expressamente à presença dos macuxi para sustentar a posse brasileira sobre o território disputado com o país vizinho. O etnógrafo alemão Theodor Koch-Grünberg viajou por lá, em 1911, recolhendo mitos e lendas de macuxi e taurepang, que Mário de Andrade aproveitou para construir obra capital do modernismo brasileiro, na qual o herói da nossa gente buscava resgatar a muiraquitã característica do norte brasileiro – o romance *Macunaíma*.

A despeito de sua importância para a formação de nossa ideia de país, a maioria dos indígenas que vivem na Raposa Serra do Sol conserva língua, usos e costumes tradicionais. Ao longo do tempo, foi estimulada a formação de pequenas colônias ou enclaves, cujo crescimento previsivelmente tenderia a exacerbar os conflitos fundiários, colocando em risco a própria sobrevivência física e cultural das comunidades tradicionais, com a destruição de seu hábitat.

A opção política crucial então era: demarcar a terra em ilhas, como queria a oligarquia local, ou manter a integridade do conjunto, evitando seu estilhaçamento. O desafio sempre foi tratado como verdadeira questão de Estado. A Raposa Serra do Sol situa-se na faixa de fronteira e tem importância estratégica para a defesa do território brasileiro.

O MINISTRO QUE MUDOU A JUSTIÇA

Ali também está localizado o Parque Nacional do Monte Roraima. Há, portanto, uma sobreposição de regimes jurídicos especiais, todos constitucionalmente protegidos – defesa da soberania territorial, direitos indígenas, conservação ambiental, autonomia do ente federativo e respeito à sua legítima aspiração ao desenvolvimento.

Para chegar a uma solução justa e equilibrada, foram feitas várias visitas *in loco* e executados rigorosos estudos técnicos. Todas as partes envolvidas foram consultadas e ouvidas. O Supremo Tribunal Federal, oportunamente chamado a se manifestar, decidiu favoravelmente à edição do decreto homologatório, removendo os obstáculos jurídicos que até então impediam a resolução definitiva do conflito por quem tinha competência legal, instrumentos e meios para fazê-lo: o Poder Executivo. Foram tomados todos os cuidados para dar consistência jurídica e política à decisão do presidente.

A solução adotada harmonizou os vários interesses públicos nacionais e deu máxima eficácia a um feixe de normas da Constituição Federal. Roraima foi beneficiada por medidas compensatórias, em um plano de desenvolvimento social e econômico.

A maioria dos ocupantes não indígenas que, de boa-fé, ainda permaneciam na área foi pacificamente reassentada. Assegurou-se plena liberdade de atuação às Forças Armadas e à Polícia Federal na região fronteiriça. A presença soberana e incontrastável do Estado brasileiro foi conciliada com a proteção do meio ambiente e da diversidade étnica e cultural, bens valiosos que a Constituição, generosamente, soube reconhecer.

EM DEFESA DOS DIREITOS FUNDAMENTAIS DOS MENOS FAVORECIDOS

Nas décadas posteriores, não sem riscos de retrocesso, o progresso histórico foi se sedimentando, graças ao esforço daqueles que se envolveram na construção da bela obra jurídica e política. Nossos filhos e netos saberão reconhecer sua fundamental importância para a ideia que temos de nação, e Márcio Thomaz Bastos, estadista da República, teve papel decisivo no desenlace favorável aos primeiros habitantes do país, que antes se mostrava historicamente improvável. Mas não só aos indígenas dedicou seus melhores esforços profissionais.

A DEFESA DA IGUALDADE RACIAL

Na melhor tradição cívica de Luiz Gama e Joaquim Nabuco, Márcio Thomaz Bastos empenhou-se na defesa da igualdade de oportunidades de acesso ao ensino superior, no julgamento paradigmático do caso das cotas para negros, pelo Supremo Tribunal Federal, em 2012.

O jornalista Elio Gaspari explicou a importância da Ação de Descumprimento de Preceito Fundamental nº 186, referindo-se às razões jurídicas apresentadas à Corte, em memorial como *amicus curiae*:

> Julgando a constitucionalidade das iniciativas das universidades públicas que instituíram as cotas, o Supremo tirará o último caroço da questão. No memorial que encaminharam na defesa do sistema, os advogados Márcio Thomaz Bastos, Luiz Armando Badin e Flávia Annenberg começaram pelos números:

"Em 2008, os negros e pardos correspondiam a 50,6% da população e a 73,7% daqueles que são considerados pobres. [...] Em 1997, 9,6% dos brancos e 2,2% dos pretos e pardos de 25 ou mais idade tinham nível superior."

E concluíram: "A igualdade nunca foi dada em nossa história. Sempre foi uma conquista que exigiu imaginação, risco e, sobretudo, coragem. Hoje não é diferente."[1]

Da memorável sustentação oral dirigida ao plenário do Supremo Tribunal Federal por aquele verdadeiro amigo da corte lembramos alguns fios condutores. Eles mostram bem o advogado das causas populares em ação, pela palavra.

Primeiro, ele ressaltou a importância do julgamento, chamando o Supremo à sua responsabilidade histórica, em conexão com o pensamento jurídico e a consciência ética que reclamava a evolução do direito constitucional:

> O Supremo Tribunal Federal vê-se hoje diante de um dos maiores desafios jurídicos do mundo contemporâneo. Mais do que isso, esse Tribunal é chamado a solucionar o problema ético fundamental de nossos tempos: a necessidade de articular o princípio universal da igualdade com o direito ao reconhecimento das diferenças.
>
> O desafio é contemporâneo, mas a resposta está nas antigas tradições jurídicas. A arte mais refinada do jurista, por excelência, é saber distinguir as situações. Ver na realidade o fato distintivo que exige a aplicação da norma constitucional.

---

1 Elio Gaspari, "Hoje o STF julgará as cotas", *Folha de S.Paulo*, 25 abr. 2012.

EM DEFESA DOS DIREITOS FUNDAMENTAIS DOS MENOS FAVORECIDOS

É evidente que a reserva de vagas, ao considerar o critério racial, não privilegia a "cor da pele" em si mesma e por si mesma considerada. Muito menos se baseia na noção biológica de "raça".

A política, na verdade, elege esse fator de discrímen porque ele está associado a uma situação histórica de marginalização, em um país marcado pelos longevos efeitos da ordem escravista. Ser negro, no Brasil, indica mais do que uma característica física. É, sobretudo, uma condição social, como mostram os dados.[2]

Para o advogado com apurado senso de cidadania, avesso à vulgaridade do populismo autoritário, o compromisso com a democracia constitucional não se dissociava dos imperativos éticos da justiça social. Por isso, a sustentação prosseguiu em diálogo respeitoso com os ministros do Supremo, situando a causa em seu tempo histórico e o problema da desigualdade em seu contexto:

A capacidade de elaborar soluções jurídicas exemplares frente a questões constitucionais complexas tem destacado esse Supremo Tribunal. Precisamos reconhecer que existem segmentos sociais desfavorecidos. São os indígenas, os homossexuais, as pessoas com deficiências, as mulheres, a população que vive na rua. Todos eles têm sido incluídos por essa Corte a partir de uma leitura generosa da Constituição, que

---

2 Márcio Thomas Bastos e Luiz Armando Badin, "Igualdade de oportunidades e acesso ao ensino superior", 2012, s/p.

O MINISTRO QUE MUDOU A JUSTIÇA

leva nossa Lei Fundamental às suas últimas consequências. Com os negros não poderia ser diferente, no dia de hoje.[3]

Por fim, expressou a honra de falar em nome de advogados descendentes de escravizados, lembrando a figura histórica exemplar de Luiz Gama, defensor ilustre da causa da igualdade, a quem seu tempo negou o diploma universitário:

> Sinto-me honrado por representar neste tribunal colegas de profissão que se dedicam à causa e que sabem mais do que ninguém as dificuldades de se conseguir um diploma universitário neste país. São pessoas que sentiram na pele a dificuldade de superar todos os estorvos, e que podem testemunhar a transformação pessoal e profissional proporcionada pela obtenção do grau universitário.
>
> Tornar-se bacharel em direito, como conseguiram os membros da Associação Nacional dos Advogados Afrodescendentes, é uma escolha especialmente árdua. Veja-se a história de Luiz Gama, tido por alguns como o advogado mais importante do século XIX, em sua luta abolicionista.
>
> Os membros da associação assumem, nesse contexto, a tarefa de reduzir as barreiras do preconceito e da discriminação para as gerações futuras de estudantes negros. Sabem que superaram esses obstáculos, enquanto a maioria não teve a mesma oportunidade. Agem em juízo para que estes – e todos aqueles que os sucederam no infortúnio – possam exercer um leque maior de escolhas na vida.[4]

---

3 *Ibidem.*
4 *Ibidem.*

EM DEFESA DOS DIREITOS FUNDAMENTAIS DOS MENOS FAVORECIDOS

A FORÇA DA LEI CONTRA A LEI DA FORÇA

É bem conhecida a participação de Márcio Thomaz Bastos entre os advogados de acusação dos assassinos do seringalista Chico Mendes. Dessa época ele guardava a boa lembrança de ter conhecido a hoje ministra Marina Silva, ainda menina, em suas viagens a Xapuri, no Acre.

Na década de 1980, Márcio Thomaz Bastos esteve no sul do Pará, participando de júris para responsabilizar criminosos que praticavam violências contra trabalhadores rurais. Sua atuação marcante nesses casos é ainda hoje lembrada por advogados populares que continuam lutando pela causa, em entidades como a Comissão Pastoral da Terra.

A nota preocupante é a persistência da violência crônica que ainda aflige a população mais carente, e as dificuldades de aplicação da lei, que até hoje não se impôs plenamente, num dos rincões mais violentos do país, palco de sucessivos massacres, como o de Eldorado dos Carajás, em 1996. O velho jaguncismo convive com a nova pistolagem, enquanto emergem milícias rurais que desafiam a primazia das instituições legais.

Como ministro da Justiça, Márcio Thomaz Bastos não tergiversou com esse estado de coisas inconstitucional, e mandou apurar com rigor o brutal assassinato da irmã Dorothy Stang, em 2005, por pistoleiros a mando de criminosos locais, associados à grilagem de terra, entre outras atividades ilegais.

A ADVOCACIA COMO VOCAÇÃO

Sendo a ação política uma obra coletiva, e não individual, cabe destacar o tino de Márcio Thomaz Bastos para reunir e liderar equipes talentosas, que lhe prestavam apoio qualificado e seguro. Como dizia o velho político florentino Maquiavel, no entanto, "os bons conselhos, de onde quer que provenham, nascem da prudência do príncipe, e não a prudência do príncipe dos bons conselhos" (*O príncipe*, XXIII).

Para escapar ao personalismo narcisista, tão comum em publicações encomiásticas, é preciso atribuir um sentido unitário ao conjunto da obra política, ressaltando o projeto de vida que interliga todos os aspectos de uma atuação diversificada na cena pública. Se ela não se reduz à ambição e vaidade, deve apontar para um valor maior que distingue o caráter dessa biografia. No caso, para além da busca de "pão e glória", Márcio Thomaz Bastos estava seriamente imbuído de uma preocupação social. Também por isso sua perda foi tão sentida por aqueles que o conheceram.

Os criminalistas perderam uma referência fundamental. O advogado Márcio Thomaz Bastos já era uma lenda em vida. Ele personificava o modelo arquetípico do advogado por vocação. Sua influência sobre a prática da advocacia é inestimável. Não formou alunos, mas projetou excelentes profissionais. Muitos de nossos melhores escritórios foram por ele impulsionados.

Logo abandonou a proposta mercantil de fundação de uma escola de advocacia. Sempre se preocupou, contudo, em compartilhar um saber feito de experiências, que não se ensina em nenhuma academia.

EM DEFESA DOS DIREITOS FUNDAMENTAIS DOS MENOS FAVORECIDOS

Estava convencido de que o nobre ofício do defensor constitucional da liberdade e dos direitos fundamentais só se aprende com esforço diário, diante do espelho dos grandes mestres, à constelação dos quais foi se juntar. Trabalhou até o último dia de sua vida, orientando uma defesa. Honrou a confiança do réu que o escolhera para ser o porta-voz qualificado de seus direitos.

Consagrou um grande estilo da arte de advogar e, neste sentido, fez escola. Como o brilho dessa estrela pode guiar a prática dos novos profissionais, em navegação segura pelos mares tormentosos da advocacia?

Sua marca é um improvável equilíbrio. Prudência sem hesitação. Ousadia sem temeridade. Calma com emoção. Poder sem abuso. Autoridade sem prepotência. Elegância sem afetação. Sabia manter a tranquilidade, quando todos ao redor haviam perdido a cabeça.

Foi um aguerrido defensor dos valores constitucionais, dotado da visão política ampla do estadista. Talvez por isso tenha sido um dos melhores ministros da Justiça que o país já teve.

Nunca abriu mão do rigor técnico na aplicação do direito, sempre atento aos preceitos éticos da profissão. Entre eles, honrando uma antiga tradição, valorizava o dever de não regatear uma migalha de direito a quem o tivesse, mesmo diante da execração pública, e independentemente de sua opinião particular sobre a culpa do acusado. Quando jovem, certamente leu o discurso que Rui Barbosa dirigiu aos formandos da Faculdade de Direito do Largo São Francisco, e seguiu à risca as suas orientações.

Sempre foi solidário com o sofrimento do réu, a quem não ousava julgar. Numa causa, vestia a camisa de seus clientes. Não fingia defendê-los, cumprindo burocraticamente formalidades processuais. Sabia, contudo, que o advogado não se confunde com a pessoa em nome da qual fala, mantendo, como representante, uma distância profissional adequada de seu representado.

Segundo esse modelo de atuação profissional, a advocacia – tanto quanto o jornalismo que verifica a informação e ouve o outro lado – é um ofício tolerante por definição. Percebia que os excessos da paixão cega pela justiça também podem levar a consequências trágicas.

Até a virtude precisa de moderação, lembrava um pensador político que gostava de consultar. De Montesquieu também guardou a noção de que o governo das leis é preferível ao governo dos homens, e que uma comunidade só pode prosperar pacificamente se estiver assentada sobre a base de instituições sólidas.

Seu último artigo, publicado pela Associação dos Advogados de São Paulo (AASP), ofereceu ao debate público um modelo de política de combate à corrupção sem excessos. Insistia na inadiável reforma das práticas políticas e eleitorais, com atenção para o financiamento mais transparente das campanhas políticas.

Nesse plano de ação governamental, ele também propôs o fortalecimento dos mecanismos de "compliance" das empresas públicas e privadas, sem prejuízo da indicação oficial de critérios técnicos para a nomeação de cargos em confiança.

Como homem público, sua obra vem sendo justamente homenageada, e aqui o é mais uma vez: as lutas pela criação

EM DEFESA DOS DIREITOS FUNDAMENTAIS DOS MENOS FAVORECIDOS

do Conselho Nacional de Justiça (CNJ), pela transparência na administração pública, pelos direitos dos povos indígenas, pela autonomia das defensorias públicas, pelo fortalecimento da Polícia Federal, pelo aperfeiçoamento das regras sobre lavagem de dinheiro, entre muitas outras.

Como defensor da igualdade racial, foi favorável à constitucionalidade das cotas para acesso à universidade. Comprometeu-se com uma política que, entre outras, pode ajudar a fixar definitivamente nas telas do passado as imagens pitorescas do Brasil colonial. Como vimos, um *amicus* respeitável do Supremo Tribunal Federal e das boas causas da cidadania, sempre escorado em bons princípios republicanos e democráticos, com viés social. O mesmo se diga sobre sua atuação em favor dos povos originários.

Nesta homenagem, contudo, não ressaltamos tanto a biografia do líder da Ordem dos Advogados do Brasil, nas batalhas pela conquista da redemocratização do país e pela afirmação de uma Constituição republicana, mas, sobretudo, a memória de uma referência fundamental para a comunidade dos advogados. É sobre um modo especial de exercer a advocacia que estamos falando, com ênfase em sua atuação em causas de relevante interesse público.

Para os que tiveram o privilégio de apreciar de perto seu talento em ação, seu estilo tem sentido exemplar, que merece ser compartilhado. Foi um advogado, por excelência, da causa da advocacia. Seu horizonte, contudo, ultrapassava o mero corporativismo.

Gostava de se definir, com toda justiça, como um orador moderno, capaz de se expressar para além das barras estreitas dos tribunais. Comunicava bem porque sabia ouvir melhor. Implicava com os excessos de adjetivação. Renovou a retórica forense, buscando a simplicidade da linguagem, sem despojá-la de sua força expressiva.

Abominava a mania citatória, os ornamentos rebuscados e a sabedoria acaciana que tornam nosso meio jurídico tão curioso aos olhos do restante da sociedade. Um exímio esgrimista da palavra, como nos quadros de seu escritório ornado pelas mesas que um amigo, o arquiteto Rui Ohtake, desenhou com toda leveza, especialmente para acomodar aquelas reuniões decisivas para a vida de tantos aflitos.

Um grande homem certa vez disse, com a simplicidade sublime dos verdadeiros gênios, que o importante na vida não eram os méritos que todos lhe atribuíam, mas sim os mestres que o educaram e as pessoas que ele amou, e que o amaram. Márcio foi professor, sendo colega. Gostava de conviver, e fez muitos amigos ao longo de sua jornada, alguns dos quais se encontram aqui reunidos para celebrar a lembrança de sua vida, marcada por rara conjunção de qualidades pessoais e profissionais. O que em outros aparece como contradição insolúvel, nele se harmonizava pela grandeza de espírito.

São poucos os "monstros sagrados" com a mesma estatura. Graças à sua generosidade em relação ao talento, contudo, há muitos que podem e devem transmitir o melhor de seu exemplo de vida às novas gerações de profissionais, em sua renovada e árdua luta pela liberdade, pela justiça social, pela ordem democrática e, sobretudo, pelos direitos fundamentais dos menos favorecidos.

Respeitosas saudações ao advogado do povo Márcio Thomaz Bastos, presente!

8. IDDD: DEDICAÇÃO DE TODA UMA VIDA

Dora Cavalcanti e Augusto de Arruda Botelho

A advocacia, e principalmente a advocacia criminal, sempre sofreu ataques. A imensa maioria deles fruto de uma incompreensão sobre a atuação de advogadas e advogados criminalistas, sobretudo o trabalho de garantir uma defesa plena e irrestrita para absolutamente todos aqueles que se veem às voltas com o sistema de justiça criminal. Esses ataques, em maior ou menor número, acompanharam acontecimentos históricos, momentos políticos do país e, muitas vezes, ondas de comoção causadas por crimes que chocaram a população.

É impossível falar sobre a criação e a fundação do Instituto de Defesa do Direito de Defesa (IDDD) sem mencionar o contexto histórico pelo qual o Brasil e a Justiça passavam. O começo dos anos 2000 foi marcado por uma série de ataques à advocacia.

Buscas e apreensões sendo feitas em escritórios, interceptações telefônicas violando o sagrado sigilo que marca a relação entre cliente e advogado, e uma constante hostilidade da grande imprensa em relação ao trabalho da advocacia, com destaque para a advocacia criminal. É nesse difícil momento histórico que surge a ideia de criar o IDDD.

É clara e emocionante a lembrança do dia em que Márcio Thomaz Bastos comunicou no seu pequeno escritório da avenida Liberdade, 65, a criação desse instituto.

Disse ele, em palavras premonitórias, que, se não fizéssemos alguma coisa naquele momento, em um futuro próximo seria muito difícil advogar. Como sempre, doutor Márcio estava certo. E se hoje, ainda que com dificuldades e sob ataques, conseguimos exercer nossa profissão, parte significativa desse sucesso – que a bem da verdade nem sequer de sucesso deveria ser chamado – podemos atribuir à sua iniciativa.

Em razão da importância do tema e da urgência do momento, o IDDD começou seus trabalhos de forma quase amadora em uma sala comercial na mesma mítica avenida Liberdade, 65, gentilmente cedida por Márcio Thomaz Bastos. A equipe que lançou o instituto era enxuta, ainda inexperiente, mas muito, muito dedicada. Uma diretoria formada com cargos quase aleatórios, em que todos que integravam o grupo faziam de tudo: escreviam petições, participavam de reuniões, atendiam telefones, corriam atrás de doações, respondiam as demandas da imprensa, mas, principalmente, levavam consigo a missão de uma intransigente defesa do direito de defesa.

Porém, se a equipe era reduzida e o formato ainda improvisado, o projeto era bastante ambicioso. Sentados diante da escrivaninha da sala do "chefe", alinhávamos com ele quais seriam os eixos de atuação do instituto que ali era gerado. O primeiro – sagrado, fundamental – estava embutido no nome: defender o direito à ampla defesa como valor em si, um direito inalienável de todo e qualquer ser humano que não deve – embora o seja com frequência – ser confundido como um aliado da impunidade. Elogio em boca própria é vitupério, mas a redação inserida na ata de constituição do instituto se mantém atual até hoje: o "objetivo será defender o direito de defesa, em sua dimensão mais ampla, assegurado constitucionalmente a todo e qualquer cidadão acusado da prática de um crime".

O objetivo seguinte não era menos audacioso, e ainda se faz presente no dia a dia do IDDD: diminuir o abismo que separa o resultado de um processo para aqueles que encontram os meios necessários para exercer com plenitude sua defesa – da primeira instância ao Supremo Tribunal Federal – daqueles que já enfrentam tantas dificuldades para ganhar seu sustento, que, quando impactados por uma acusação/prisão, acabam quase que atropelados pelo processo criminal.

O desafio era fazer com que as teses que refletissem a interpretação da lei mais favorável aos acusados fossem sempre respeitadas, independentemente do réu ou do defensor. Estava lançada a semente daquilo que conhecemos hoje como litígio estratégico. Buscar por meio de casos paradigmáticos fixar um entendimento em linha com as garantias individuais inseridas na Constituição, amplificando ao máximo seu alcance.

Nosso instituto costuma estar presente em julgamentos marcantes para o direito de defesa, que têm repercussão direta no enfrentamento de violações a garantias processuais que se repetem cotidianamente.

Uma das grandes aflições de todo aquele que trabalha com o sistema de justiça criminal é o abuso na utilização de algo que nosso ordenamento jurídico e nossa jurisprudência já pacificaram como absolutamente excepcional. A decretação de prisões preventivas é, há muitos anos, objeto de discussões e de alterações legislativas, e o IDDD teve participação essencial em algo que veio a revolucionar o processo penal no nosso país.

Em 2015, o instituto firmou com o Conselho Nacional de Justiça e com o Ministério da Justiça um termo de cooperação que visava à implantação das audiências de custódia em nosso país. Uma das maiores injustiças que o processo pode causar a alguém é o cerceamento de sua liberdade sem que haja ainda a formatação de sua culpa.

Milhares de brasileiros e brasileiras foram, e infelizmente continuam sendo, presos preventivamente ao arrepio da lei, sem que haja o necessário trânsito em julgado de uma sentença penal condenatória.

É evidente que a prisão preventiva pode ser um instrumento importante e utilizável em situações específicas que a lei detalhadamente expõe. O que jamais podemos admitir, no entanto, é a banalização do uso dessa cautelar antecipada, seja para adiantar uma futura condenação, seja para acalmar os ânimos da opinião pública, assustada com um crime de grande repercussão. Ou ainda, como vimos acontecer em grandes operações policiais, usar a prisão preventiva para posteriormente oferecer as benesses de uma delação premiada.

IDDD: DEDICAÇÃO DE TODA UMA VIDA

Réus presos preventivamente no nosso país costumavam aguardar longos meses até se sentarem pela primeira vez na frente de um juiz. Em várias ocasiões, analisando a personalidade desse réu e o caso concreto, a Justiça acabava por revogar sua custódia antecipada. A audiência de custódia, mecanismo utilizado por diversas legislações, vem de certa forma antecipar essa análise. Nas primeiras 24 horas de uma prisão em flagrante, o preso deve ser apresentado ao juiz para que se analise a necessidade da prisão e, eventualmente, a grave situação, infelizmente ainda presente no nosso país, da prática de maus-tratos e de tortura durante uma abordagem policial.

O IDDD iniciou seu trabalho nesse tema colaborando com os projetos de lei que tramitavam no Congresso para alterar o Código de Processo Penal e incluir a audiência de custódia em seu ordenamento. Mas, diante das óbvias dificuldades de avanço dessa iniciativa, optou-se de forma inovadora pela criação de projetos-pilotos que o IDDD, junto com os demais órgãos, organizou, acompanhou e monitorou, e cujo objetivo era implantar em todos os estados do Brasil as audiências de custódia.

Se hoje temos uma redução, ainda que tímida, no número de prisões provisórias, a audiência de custódia é uma das responsáveis. Sem o IDDD isso jamais seria possível.

Nas conversas com o grande amigo Arnaldo Malheiros Filho, Márcio Thomaz Bastos discutia como sensibilizar a opinião pública para a importância do direito de defesa, como abrir caminhos para o "outro lado" (a versão do acusado) trazido por sua defesa constituída.

O MINISTRO QUE MUDOU A JUSTIÇA

Esse nobre e sempre atual objetivo veio assim lavrado na ata de nascimento do IDDD:

Promover estudos de casos polêmicos, já encerrados ou em andamento, e disseminar para a sociedade os resultados encontrados, sempre com o escopo de analisar o tratamento dispensado ao direito de defesa não só pelo Poder Judiciário, como também pela classe dos advogados, pelo Ministério Público, pela imprensa, e pela opinião pública de modo geral (artigo 3, b).

Quinze anos antes da operação Lava Jato, quando grande parcela da advocacia simplesmente rompeu com a presunção de inocência e o devido processo legal, a preocupação em defender a ampla defesa perante as fileiras da própria classe já era uma preocupação do IDDD. Esse desígnio de furar a bolha, por assim dizer, acabou se tornando o terceiro grande eixo de atuação do instituto, semente para tantas incidências que marcaram sua trajetória: o concurso "O Direito do Olhar", o projeto "Olhar Crítico" e o filme *Sem pena*.

Márcio Thomaz Bastos não era uma pessoa de esperar acontecer. Suas ideias mais ousadas e inovadoras ganharam existência prática por sua capacidade ímpar de mesclar praticidade e sonho. Como ministro da Justiça, sabemos que idealizou – e implementou – a guinada na estrutura da Polícia Federal, promoveu a reforma do Judiciário, criou o Conselho Nacional de Justiça. Com o IDDD não foi diferente. Tão logo assinada nossa ata de constituição, em

IDDD: DEDICAÇÃO DE TODA UMA VIDA

julho de 2000, com trinta orgulhosos signatários, saímos a campo para fazer a diferença.

O primeiro grande projeto do instituto, como não poderia deixar de ser, veio da grande paixão do doutor Márc o: o tribunal do júri. Fizemos, com o então presidente do primeiro tribunal do júri da capital, uma parceria em que advogadas e advogados do IDDD, de forma *pro bono*, defenderiam acusados perante o tribunal popular. Vamos mais uma vez lembrar o momento histórico da Justiça em que São Paulo, o maior estado do país, ainda nem sequer tinha uma defensoria pública. Esse primeiro trabalho voluntário desempenhado pelos associados do IDDD veio a ocupar um vácuo na plenitude do exercício da defesa e da advocacia. Até então, o time afiado de promotores paulistas com atuação no júri nadava de braçada em causas que muitas vezes não encontravam um patrocínio aguerrido.

Ao imaginar o IDDD, Márcio parece ter desenhado um espaço por demais necessário que de fato até então estava vazio. Um território livre em que a defesa processual pudesse ser pensada, concebida e defendida sem prejulgamentos, sem censura, e ao mesmo tempo com a real dimensão das dificuldades enfrentadas na prática para refrear anseios punitivistas. Ser espaço de resistência é até hoje um dos papéis que o instituto desempenha para os que em prol dele voluntariam seu tempo. Ali nem se cogita criticar alguém por ter assumido essa ou aquela causa. No limite, a depender do grau de polêmica e da intensidade dos holofotes, pode ficar no ar uma inveja boa em relação à colega ou ao colega que assumiu a causa.

Nesses tempos de polarização intensa, um ouvinte desavisado poderia até estranhar que em uma reunião de diretoria, ou do conselho, advogadas e advogados catalogados como progressistas se inflamassem sustentando a importância de zelar pelo respeito irrestrito ao processo no julgamento de radicais de extrema direita. Em sintonia com a naturalidade com que o grande Márcio Thomaz Bastos assumia as causas mais chocantes e turbulentas, segue sendo valor fundamental do instituto jamais engrossar as fileiras dos que clamam por respostas duras, sem observar o rito sagrado do processo penal.

Se desenharmos uma linha do tempo, parece não fazer sentido que Márcio tenha assumido o Ministério da Justiça menos de três anos depois da constituição do IDDD, em 2003. Fato é que sua presença marcante, os *core values* de sua advocacia – transmitidos quase por osmose aos que tiveram a imensa sorte de com ele trabalhar – estão presentes até hoje na atuação do instituto, dos mutirões às manifestações na Suprema Corte como *amicus curiae*.

Em janeiro de 2003, assumimos precocemente o IDDD. A responsabilidade de assegurar a continuidade do instituto, de fincar raízes no Judiciário e na sociedade civil era tão grande, que ninguém mediu esforços. Sem o Márcio na presidência, os pouco mais de vinte colegas que estavam presentes desde a fundação se desdobraram para dar voz aos princípios e aos objetivos por ele concebidos. E fomos muito bem-sucedidos.

Na tradicional festa de fim de ano do instituto, fica nítido o quanto é motivo de orgulho ser associado ao

IDDD. Fazer um júri pelo IDDD, contribuir na elaboração de um *amicus*, dar aula em um presídio, em uma escola, participar de uma formação ou mesmo de um bate-papo, são experiências plenas de significado que conectam jovens profissionais à essência do direito de defesa.

Talvez por isso, ou seguramente por isso, quando se cogita mudar a sede do IDDD do imóvel generosamente doado por seu fundador na avenida Liberdade, 65, o coração range. A preservação da memória do instituto se confunde com a empolgação de acompanhar o tribuno Márcio Thomaz Bastos pelo curto trajeto que separa nossa sede do Tribunal de Justiça de São Paulo, cruzando a praça João Mendes, com a pastinha da sustentação na mão e a beca dobrada no braço. Uma honra sem igual ter partilhado essa história, que marcou toda uma geração de advogadas e advogados.

A logomarca do IDDD, quatro letras empilhadas em azul e branco com o pontinho em vermelho, ainda hoje expressa a simplicidade certeira com que Márcio Thomaz Bastos enxergava o caráter fundamental do direito de defesa. Básico, imprescindível, norte para o exercício da advocacia criminal, área que ele tanto engrandeceu com a dedicação de toda uma vida.

9. UM MARCO HISTÓRICO NA DEFESA DA CONCORRÊNCIA

Arthur Sanchez Badin

A gestão de Márcio Thomaz Bastos no Ministério da Justiça foi um marco na história da defesa da concorrência no Brasil. Durante sua gestão, foi estabelecido um planejamento estratégico com metas ambiciosas, que conferiu consistência e eficácia a essa política pública ao longo dos oito anos do primeiro governo Lula. Com carta branca para formar um ministério técnico, livre de barganhas políticas, Márcio Thomaz Bastos teve a ousadia de confiar a formulação e a execução da política de defesa da concorrência a um grupo de jovens advogados, garantindo-lhes as condições necessárias para trabalhar de forma independente e protegidos de ingerências políticas. Dessa forma, alinhado com seu grande objetivo de fortalecer as instituições republicanas, Márcio Thomaz Bastos deixou como legado uma autoridade de defesa da concorrência dinâmica e respeitada, tanto nacional quanto internacionalmente.

Em janeiro de 2003, logo nos primeiros dias de governo, Márcio Thomaz Bastos convocou as principais lideranças de cada secretaria do Ministério da Justiça para discutir, *en petit comité*, o planejamento estratégico da sua gestão. A discussão se deu em um hotel em Pirenópolis, onde nos enfurnamos durante três dias para ouvir e apresentar as metas e os objetivos propostos para as diversas áreas do Ministério. Isso proporcionou as condições para uma atuação integrada entre as diferentes secretarias e orientada para fins claramente definidos, evitando que as demandas do dia a dia desviassem a atenção do ponto a que devíamos chegar.

Durante a elaboração do planejamento estratégico da Secretaria de Direito Econômico (SDE), em específico, tínhamos muito claro que nosso maior desafio seria conferir *enforcement* à política de defesa da concorrência. O Cade foi criado em 1962, mas até então só havia conseguido condenar três casos de cartel *hard core*, nenhum dos quais resultado da atividade de inteligência e investigação da SDE. Os casos de cartéis de postos de gasolina de Florianópolis e Goiânia, em 2002, por exemplo, haviam sido instaurados a partir de achados fortuitos coligidos pelo Ministério Público durante investigações de adulteração de combustíveis.

A capacidade de detecção de casos de cartéis pela SDE era muito limitada, razão pela qual o Cade se ocupava praticamente apenas de condutas coordenadas ostensivas, como tabelas de honorários médicos. Até então, a SDE nunca havia realizado uma operação de busca e apreensão ou celebrado um acordo de leniência. Apenas 3,78% das multas aplicadas pelo Cade haviam sido recolhidas e mais de 75% das decisões em atos de concentração estavam suspensas por liminares judiciais. O processo de controle de

UM MARCO HISTÓRICO NA DEFESA DA CONCORRÊNCIA

atos de concentração, aliás, era uma verdadeira *via crucis* de instâncias e pareceres, na maioria redundantes, que demorava em média três meses e com uma baixíssima eficácia, pois realizado posteriormente ao fechamento da operação.

Para a revista britânica *Global Competition Review* (*GCR*), que avalia anualmente o desempenho das agências antitruste do mundo, a brasileira era uma das piores, merecendo apenas uma estrela (numa escala de zero a cinco).[1] Em poucas palavras, o sistema brasileiro de defesa da concorrência era, ao final de 2002, um pobre "leão sem dentes".

A partir desse triste diagnóstico, o ministro Márcio Thomaz Bastos aprovou a Política Nacional de Defesa da Concorrência, proposta pelo secretário Daniel Krepel Goldberg naquela reunião em Pirenópolis, calcada em cinco pilares fundamentais.

Em primeiro lugar, nos propusemos a transformar a SDE em um órgão de repressão a condutas anticompetitivas – em especial cartéis – mediante a institucionalização de modernas e sofisticadas técnicas de investigação e produção de provas ainda inéditas no Brasil, como buscas e apreensões e acordos de leniência.

Além disso, buscaríamos estreita parceria com a Polícia Federal, para realização de forças-tarefa, responsabilização criminal dos cartéis e instituição de um laboratório forense para análise de dados computacionais. Também previmos

---

1 *Global Competition Review*, "Rating Enforcement", 2002.

a criação de um núcleo de inteligência em métodos quantitativos, para sofisticar a análise econômica.

Em segundo lugar, nos comprometemos a racionalizar, acelerar e melhorar a qualidade técnica da análise de atos de concentração, simplificando o procedimento, eliminando redundâncias desnecessárias e introduzindo técnicas e metodologias de análise mais consentâneas com o estado da arte.

Em terceiro lugar, identificamos a necessidade de fortalecer a defesa judicial das decisões do Cade e da SDE, considerando que a crescente judicialização, combinada com a ausência de uma defesa judicial especializada, comprometia a eficácia da política antitruste brasileira.

Em quarto lugar, prometemos amplificar a defesa da concorrência no processo de formulação de políticas públicas, sobretudo nos setores regulados (*advocacy*), focalizando as atividades da Secretaria de Acompanhamento Econômico (SEAE) nesse mister.

Por fim, mas talvez o mais importante, a Política Nacional de Defesa da Concorrência definida naquele final de semana em Pirenópolis previa a reestruturação do Sistema Brasileiro de Defesa da Concorrência, mediante reorganização institucional e ampliação dos quadros, instituição da análise prévia de atos de concentração, com prazos fixos e céleres para decisão final, e aprimoramento dos procedimentos administrativos.

Na ingênua credulidade e esperança dos que acabam de chegar a Brasília, não sabendo que era impossível, fomos lá e fizemos. Graças ao esforço e comprometimento de todos,

UM MARCO HISTÓRICO NA DEFESA DA CONCORRÊNCIA

sobretudo dos três ministros da Justiça do primeiro governo Lula (Márcio Thomaz Bastos, Tarso Genro e Luiz Paulo Barreto), posso dizer, com muito orgulho, que logramos alcançar quase tudo aquilo a que nos havíamos proposto.

Em 2010, o Comitê de Concorrência da Organização para a Cooperação e Desenvolvimento Econômico (COMP/OCDE) realizou uma auditoria (*peer review*) para analisar a evolução da política brasileira de defesa da concorrência. Nesse estudo, a OCDE concluiu que, no período de 2003 a 2010,

> o sistema de política de concorrência demonstrou um progresso consistente, até mesmo notável. Tornou-se mais eficiente, especialmente na análise de fusões, permitindo que redirecionasse suas prioridades para a repressão a cartéis. Seu programa de combate a cartéis é hoje amplamente respeitado no Brasil e no exterior. [...] O Brasil tem um programa de leniência ativo, que vem resultando em novas propostas de acordos de leniência e de casos. Em um período relativamente curto, o Brasil desenvolveu um programa para processar criminalmente os cartéis, programa esse que o posiciona entre os países mais atuantes nesta área. [...] O Cade tem adotado uma postura mais proativa no Judiciário nos últimos anos com a obtenção de certo sucesso, especialmente na cobrança de multas. Os procuradores do Cade são respeitados, tanto pelo Poder Judiciário quanto pelos advogados. Eles são considerados profissionais e aguerridos.[2]

---

2 OCDE/IDB, *Competition Law and Policy in Brazil*, 2010.

Corroborando essa avaliação, em 2010, a *GCR* elevou a classificação do Brasil de uma para três estrelas e meia, concedendo-lhe, pela primeira vez, o prêmio de Agência Antitruste do Ano:

> o Brasil surge como um dos melhores caçadores de cartel do mundo. Advogados, funcionários de agências e outros especialistas em matéria de antitruste tomam o Sistema Brasileiro de Defesa da Concorrência como provavelmente o melhor e mais brilhante entre os países em desenvolvimento. Na convenção anual da International Bar Association [de 2010], o sistema antitruste brasileiro foi identificado como possivelmente a segunda jurisdição penal mais importante do mundo e um dos mais respeitados responsáveis pela aplicação da lei.[3]

Vale ressaltar o mérito das gestões dos ministros Tarso Genro (2007-2010), Luiz Paulo Barreto (2010) e José Eduardo Cardoso (2011-2016), que assumiram a execução do planejamento estratégico definido em janeiro de 2003 pelo ministro Márcio Thomaz Bastos, conferindo estabilidade e consistência à política pública (tão prejudicada pela alta rotatividade dos ministros da Justiça a que assistimos nos governos anteriores).

Na primeira entrevista concedida após tomar posse como secretário de Direito Econômico, Daniel Krepel Goldberg

---

Global Competition Review, 2010.

UM MARCO HISTÓRICO NA DEFESA DA CONCORRÊNCIA

foi bastante enfático ao anunciar que sua "missão, por orientação do ministro da Justiça [Márcio Thomaz Bastos], é mudar o foco de atuação da Secretaria de Direito Econômico: prevenir e coibir a formação de cartéis e desmontar os que existem".[4] A entrevista, publicada na *Folha de S.Paulo*, vinha ilustrada com uma foto posada do jovem secretário, olhando firme para a lente e segurando em suas mãos o livro de John Kuwoka, *The Antitrust Revolution* [A revolução antitruste]. Pelo título, já era possível entrever a mensagem que subliminarmente queria transmitir.

Foi o que efetivamente se viu nos anos seguintes: uma verdadeira revolução no antitruste brasileiro. Entre 2003 e 2006, a SDE priorizou os esforços no combate aos cartéis, implementando eficazmente poderosas técnicas de investigação até então inéditas no país, como acordo de leniência, operações de busca e apreensão, e forças-tarefa com o Ministério Público e Polícia Federal, aliando técnicas de investigação policiais a análises econômicas sofisticadas, bem como o emprego de métodos quantitativos no monitoramento de mercados e produção de provas.

Delegados da Polícia Federal foram trabalhar na SDE para ensinar técnicas de investigação e aprender o direito e a economia da concorrência com os técnicos da secretaria. Também foi preciso levar para a SDE econometristas para ajudar na análise dos atos de concentração de mercado e da probabilidade de ocorrência de movimento coordenado em setores investigados.

---

4 *Folha de S.Paulo,* 9 jan 2023, p. B6.

O MINISTRO QUE MUDOU A JUSTIÇA

Graças a essa atuação mais eficiente, mudou-se quantitativa e qualitativamente o perfil dos casos levados a julgamento pelo Cade. No governo Lula, mais de oitenta cartéis foram desbaratados em setores estratégicos da economia nacional. O programa de leniência brasileiro, iniciado em 2003, já era considerado em 2008 um dos mais ativos entre os países em desenvolvimento – "um sinal claro de que o respeito das empresas pelo trabalho da secretaria cresceu juntamente com o volume de casos", afirmou o relatório de 2009 da *GCR*.

A partir de 2007, agora sob a batuta da secretária Mariana Tavares de Araujo, a SDE aprofundou quantitativa e qualitativamente os avanços do primeiro mandato do presidente Lula, realizando mais de duzentas operações de busca e apreensão, que resultaram no desbaratamento de inúmeros cartéis, na prisão de mais 66 pessoas e na condenação penal de 16 pessoas, graças à atuação sinérgica com os órgãos de persecução criminal. Na avaliação feita pela *GCR*, a SDE era, já em 2008, "a agência de combate a cartel que mais cresce no mundo".[5]

Em meus oito anos de governo, testemunhei diversas vezes a transubstanciação do poder econômico em poder político, exercido com insídia, mas, também, não raras vezes, com truculência. O grande mérito das conquistas alcançadas durante o governo Lula na área da defesa da concorrência pode ser atribuído aos três ministros da Justiça no período, Márcio Thomaz Bastos, Tarso Genro e Luiz Paulo Telles

---

5 *Global Competition Review*, "Rating Enforcement", 2009.

136

UM MARCO HISTÓRICO NA DEFESA DA CONCORRÊNCIA

Barreto, que, como heróis silenciosos, mantiveram o Cade e a SDE em uma redoma protetora, assegurando o ambiente adequado para que decisões técnicas pudessem ser tomadas no interesse público.

Vale um exemplo. Na linha do que havia sido definido no planejamento estratégico pelo ministro Márcio Thomaz Bastos, a SDE reordenou suas prioridades logo nos primeiros meses do governo Lula para o combate aos cartéis, o que dependia essencialmente da realização de operações de busca e apreensão e da implementação do programa de leniência. Apesar de tantas vezes anunciado pelo secretário Daniel Krepel Goldberg em entrevistas e palestras nos primeiros meses de governo, ninguém sinceramente acreditava que a SDE conseguiria, de fato, transformar o verbo em ação.

Até que, em 16 de julho de 2003, técnicos da SDE, escoltados pela Polícia Federal, cumpriram mandado de busca e apreensão na sede do Sindicato da Indústria de Mineração de Pedra Britada do Estado de São Paulo (Sindipedras). Trata-se da primeira operação de busca e apreensão da história que tinha como fundamento a defesa da concorrência. Foi realizada com sucesso graças a uma íntima e produtiva parceria estabelecida com a Advocacia-Geral da União (AGU) para investigar indícios de cartel entre dezessete empresas atuantes no mercado de pedra britada da região metropolitana de São Paulo. A operação coligiu mais de 30 mil documentos que, selecionados, compuseram quinze volumes dos autos do processo administrativo.[6]

---

6 Processo administrativo 08012.002127/2002-14 e Medida Cautelar de Busca e Apreensão 2003.61.00.019179-8, que tramitou perante a Seção Judiciária de São Paulo.

O MINISTRO QUE MUDOU A JUSTIÇA

Essa operação desbaratou um cartel formado entre empresas do setor da construção civil para fraudar o mercado nacional de pedra britada. Dentre a profusão de provas colhidas pela SDE encontra-se talvez o mais exuberante e fantástico conjunto probatório amealhado em uma investigação de cartel. Isso porque, no cúmulo da desfaçatez, a organização criminosa chegou a realizar um "seminário" destinado a ensinar seus membros a formar o cartel, doutrinando-os para a importância da "coesão" e de prevenir a "trapaça", para garantir o sucesso do acordo ilícito. O "material didático" utilizado nos referidos seminários incluía "cartões de dinâmica de grupo", nos quais cada participante escrevia, de próprio punho, as metas e os objetivos que propunha para o cartel: "Respeitar o acordado e não 'roer a corda'"; "divisão de obras grandes com monitoramento"; "não abaixar preço para combater os não alinhados"; "indexar preço"; "não praticar preços menores para revenda"; "aumento de preços sistêmico"; "aumentar o *market share* do grupo" e "provocar crise de oferta, desde que se conheça o potencial da concorrência".

Não bastasse o constrangedor conjunto documental recolhido, o exame pericial de computadores revelou ainda a existência de dois softwares que serviam, o primeiro, para fixar cotas, preços e clientes de cada empresa participante do cartel e, o segundo, para que o sindicato monitorasse o cumprimento do acordo ilícito.

Mas, logo no dia seguinte, uma caravana de compungidos empresários lotou a agenda do ministro-chefe da Casa Civil, dizendo-se vítimas de abuso e perseguição. Pouco

UM MARCO HISTÓRICO NA DEFESA DA CONCORRÊNCIA

tempo depois, recebemos da Subchefia de Assuntos Jurídicos da Casa Civil, por fax, ofício pedindo esclarecimentos urgentes e determinando que, dali em diante, novas operações deveriam ser previamente informadas à Casa Civil. Tal medida ameaçava não apenas a autonomia decisória e a competência legal do secretário de Direito Econômico, como comprometeria a eficácia das futuras operações, pela perda de confidencialidade.

Em resposta, tivemos de esclarecer os poderes instrutórios da SDE, bem como as garantias institucionais definidas pelo legislador a seu secretário e ao Cade, dentre as quais a irreversibilidade de suas decisões no âmbito do Poder Executivo, com o fim de assegurar sua independência decisória. Ao final, chamamos atenção para o óbvio: "Cartéis que até então estavam acostumados a refestelar-se na impunidade perceberam que o cerco está se fechando e que no Brasil há lei de defesa da concorrência a ser cumprida. É natural, portanto, que se sintam incomodados com o aumento da eficiência da SDE no combate às infrações à ordem econômica."[7]

Felizmente, o ministro Márcio Thomaz Bastos interveio para restaurar a tão necessária independência técnica da SDE, o que foi fundamental para que novas operações se seguissem e se ampliassem, sem ingerências políticas. Assegurado o ambiente institucional republicano, o Cade acabou infligindo às empresas envolvidas no "Cartel das

---

7 Despacho nº [n/c]/2004/SDE/Chefia de Gabinete, 20 maio 2004, Protocolado interno, Interessado: Subchefia para Assuntos Jurídicos da Casa Civil. Assunto: Busca e Apreensão no âmbito da Lei nº 8.884/94.

O MINISTRO QUE MUDOU A JUSTIÇA

Britas" multas que variaram de 10% a 20% do faturamento bruto verificado no ano anterior à instauração das investigações. Além disso, os executivos foram denunciados pelo Ministério Público perante a justiça criminal e pagaram indenização em valores equivalentes a 10% de seus rendimentos anuais, por força de acordo de suspensão condicional do processo firmado com a promotoria de Justiça.

Outro episódio merece ser lembrado para ilustrar a importância do papel do ministro Márcio Thomaz Bastos como guardião da independência técnica e política da SDE e do Cade. Em novembro de 2004, um representante do Ministério Público interpôs recurso ao ministro da Justiça, insurgindo-se contra uma decisão do Cade que indeferira o processamento de determinada Medida Preventiva.[8] O ministro Márcio Thomaz Bastos repeliu prontamente o recurso, mediante simples remissão à vedação legal: "Nos termos do art. 50 da Lei nº 8.884/94, as decisões do Cade não comportam revisão no âmbito do Poder Executivo." Contra essa decisão do ministro da Justiça, o recorrente ainda ajuizou mandado de segurança perante o Superior Tribunal de Justiça, que foi julgado improcedente, pelo mesmo simples, porém mais que bastante, motivo.

A singeleza da fundamentação da decisão do ministro Márcio Thomaz Bastos é mais eloquente que um tratado inteiro de direito administrativo e teve o objetivo deliberado de corrigir, sem margem para qualquer dúvida

---

8 Medida Preventiva 08700.005206/2004-82, Procedimento Administrativo 08012.0007704/2004-18.

de interpretação, a incerteza e o mal-estar criados pelo governo anterior, no caso Gerdau/Pains. Em novembro de 1995, o grupo Gerdau pediu ao então ministro da Justiça que modificasse a decisão do Cade que vetara a compra da siderúrgica Pains. O recurso foi interposto após o Cade negar, por duas vezes, pedidos de reconsideração da Gerdau. O ministro da Justiça, julgando o recurso, interferiu no processo administrativo para determinar que o Cade proferisse nova decisão. Coincidência ou não, os conselheiros que votaram contra a Gerdau não foram reconduzidos para os seus mandatos. Sob nova presidência, sucumbindo ao jugo do poder político, o Cade reviu mais uma vez o mérito do ato de concentração, acabando por aprová-la com algumas condições.

Os acordos de leniência se tornaram bastante famosos do grande público após a deflagração da fase ostensiva da operação Lava Jato, ocorrida em março de 2014. Seu uso foi então vulgarizado em casos de corrupção, que, à falta de critérios claros objetivos, resultou em situações bastante disfuncionais e abusivas.[9] Porém, fora dos círculos especializados, poucos se lembram de que a primeira experiência brasileira com os chamados acordos de leniência se deu no processo antitruste. Inserido na legislação de defesa da

---

9 Ver Michelle R. Sanchez-Badin e Arthur Sanchez-Badin, "Anticorruption in Brazil", 2019.

O MINISTRO QUE MUDOU A JUSTIÇA

concorrência em 2000,[10] o primeiro acordo somente veio a ser firmado em 8 de outubro de 2003, no âmbito das investigações do chamado caso do Cartel dos Vigilantes.[11]

Pelo acordo de leniência, o membro do cartel que colaborar com as investigações da autoridade antitruste, apresentando documentos e informações necessárias para implicar os demais membros da organização criminosa, é beneficiado com a extinção ou redução das punibilidades penal e administrativa previstas na lei. Trata-se de uma modalidade de delação premiada, que visa a dois objetivos: (i) viabilizar a produção de provas do cartel a partir de dentro da organização criminosa (*insiders*); e (ii) agravar a natural instabilidade do cartel, criando incerteza quanto à segurança do acordo criminoso.

Logo após a aprovação do Planejamento Estratégico pelo ministro Márcio Thomaz Bastos, empenhamos muitos esforços para explicar e divulgar as condições, vantagens e funcionalidade dos acordos de leniência. O secretário Daniel Krepel Goldberg, em todas as entrevistas concedidas em 2003, ressaltava a nova política de incentivo às delações, convidando as empresas interessadas a se apresentar e colaborar.[12]

Todavia, o primeiro acordo de leniência custou a sair do papel, em razão do ceticismo generalizado entre os advogados

---

10 Art. 35-B, inserido na Lei nº 8.884/94 pela Medida Provisória 2.055/2000, posteriormente convertida na Lei nº 10.149/2000.
11 Processo administrativo 08012.007879/2003-44.
12 Ver "Sistema será reestruturado para combater cartéis", *O Estado de S. Paulo*, 5 jul. 2003, p. B10.

UM MARCO HISTÓRICO NA DEFESA DA CONCORRÊNCIA

que atuavam junto ao Cade a respeito da capacidade da lei, francamente inspirada na experiência do direito norte-americano, "pegar" no Brasil. Em 27 de março de 2003, por exemplo, o professor Miguel Reale Júnior, em debate realizado no Conselho de Assuntos Jurídicos da Fiesp, insinuou que o programa de leniência seria inconstitucional, pois violaria um princípio não escrito, porém que ele entendia pressuposto na Constituição Federal, segundo o qual o Estado não poderia incentivar condutas antiéticas, como a traição:

> A americanização do direito, especialmente nessa área [de defesa da concorrência], o problema da leniência, passa por cima de qualquer princípio ético. É o autor do fato delituoso, que se mantém beneficiário, até o instante em que 'vê a casa cair' e denuncia os seus comparsas. E o Estado se vale do delator, do covarde, para querer condenar os outros. É o Estado antiético, que alimenta a delação. Até criminoso tem de ter a sua dignidade.[13]

Parece fora de dúvida, hoje em dia, que o Estado não deve fortalecer os laços de confiança, a *omertà*, a solidariedade mafiosa entre membros de uma organização criminosa – situação que não se confunde, do ponto de vista ético, com a infidelidade entre pessoas movidas por propósitos altruístas (como grupos de resistência a governos autocráticos ou ilegítimos) ou entre crianças traquinas (quando

---

13 Transcrição dos debates realizados no Conselho Superior de Assuntos Jurídicos (Conjur), realizados em 27 mar. 2003, na Fiesp, em Tercio Sampaio Ferraz Jr., "Indício e prova de cartel", s/d.

a transgressão e a resistência à autoridade parental fazem parte da formação do caráter do indivíduo em desenvolvimento e são, do ponto de vista pedagógico, esperadas e até desejadas). O próprio professor Miguel Reale Júnior é hoje um dos grandes defensores dos acordos de leniência.[14]

Voltando a 2003, outro fator que causava muita insegurança jurídica em relação ao instituto da leniência era a incerteza quanto aos seus efeitos penais, notadamente a impossibilidade de oferecimento da ação penal, após a celebração do acordo com o secretário de Direito Econômico, e a extinção da punibilidade penal, uma vez declarado seu pleno cumprimento pelo Cade. Diziam alguns que, sendo o Ministério Público o *dominus litis* da ação penal, sua atuação não poderia ser tolhida por um ato administrativo do secretário de Direito Econômico, o que implicaria violação às suas competências constitucionais. A outros não parecia juridicamente possível a extinção *ipso facto* da punibilidade penal, sem decisão judicial, o que implicaria violação ao princípio fundamental da reserva da jurisdição.[15]

O fato de o Ministério Público ser o *dominus litis* da persecução penal significa que apenas e tão somente o promotor natural pode oferecer denúncia, vocalizando o interesse do Estado na aplicação das sanções penais. Todavia, o acordo de leniência, a despeito do nome, não se configura

---

14 Ver manifestação apresentada como *amicus curiae* pelo Instituto Não Aceito Corrupção na Arguição de Descumprimento de Preceito Fundamental 1.051 – DF.

15 Maíra Beauchamp Salomoni, *O acordo de leniência e seus reflexos penais*, 2012.

UM MARCO HISTÓRICO NA DEFESA DA CONCORRÊNCIA

propriamente hipótese de transação ou barganha penal, e seu cumprimento é mera causa de extinção da punibilidade. Nem todas as formas de extinção da punibilidade dependem de prévia e expressa anuência judicial ou do Ministério Público. O exemplo mais conhecido é, nos crimes contra a ordem tributária e previdenciária, a extinção da punibilidade pelo pagamento do tributo antes do oferecimento da denúncia (art. 9º, §2º, da Lei nº 10.684/2003).

De todo modo, as referidas objeções ao levantar dúvidas sobre a validade dos acordos de leniência criavam sensação de insegurança jurídica, resultando em desinteresse nas colaborações. Para contornar essas objeções, a SDE firmou diversas parcerias com os ministérios públicos federal e estaduais, com vistas a integrá-los desde a negociação dos acordos de leniência (em que pese a celebração prescindisse da intervenção judicial ou do Ministério Público). Tal cautela preveniu que qualquer interpretação equivocada dos efeitos do acordo de leniência ensejasse a propositura de ação penal (causando danos morais e patrimoniais ao réu), bem como permitiu uma maior sinergia entre as investigações criminal e administrativa.

Dessa forma, em 8 de outubro de 2003, com a participação dos ministérios públicos federais e do MP do Rio Grande do Sul, foi firmado pelo secretário de Direito Econômico o primeiro acordo de leniência da história, fato que foi por ele assim divulgado:

> No Brasil, o acordo de leniência, previsto na Lei nº 8.884,
> nunca havia sido celebrado até o último dia 8 de outubro.

O MINISTRO QUE MUDOU A JUSTIÇA

Neste dia, a Secretaria de Direito Econômico do Ministério da Justiça assinou um acordo com uma empresa e dirigentes que participavam de suposto cartel no setor de vigilância privada, o primeiro acordo de leniência da história do Sistema Brasileiro de Defesa da Concorrência. Segundo os informantes, o suposto cartel fraudava empresas privadas e até mesmo o próprio governo. Graças às informações prestadas pelos ex-participantes do cartel, a SDE pôde colher, em uma operação de busca e apreensão realizada simultaneamente em seis lugares, inúmeros indícios necessários à instauração de processo contra 21 empresas e 30 dirigentes. O acordo, que contou com a participação decisiva da Secretaria de Acompanhamento Econômico do Ministério da Fazenda, do Ministério Público do Rio Grande do Sul e do Ministério Público Federal, marca a mudança definitiva da política de concorrência do governo federal rumo ao combate frontal aos cartéis. [...] Os cartéis figuram no topo da lista de violações às regras do livre mercado e, por isso, precisam ser combatidos com o emprego de todas as técnicas à disposição dos órgãos de defesa da concorrência, desde sofisticados estudos econométricos até interceptações telefônicas e operações de busca e apreensão. Os ventos mudaram, e, no âmago dos cartéis, os que insistem em ignorar as novas regras do jogo podem sair perdendo.[16]

Reconhecendo a importância dos acordos de leniência para a política de defesa da concorrência, o dia 8 de outubro,

---

16 Ver "Sistema será reestruturado para combater cartéis", *O Estado de S. Paulo*, 5 jul. 2003, p. B10.

UM MARCO HISTÓRICO NA DEFESA DA CONCORRÊNCIA

data da celebração desse primeiro acordo de leniência, foi consagrado por decreto do presidente da República como Dia Nacional do Combate aos Cartéis. Desde então, diversos acordos de leniência foram firmados com a autoridade competente (que, com a vigência da Lei nº 12.529/11, passou a ser o superintendente-geral do Cade), firmando-se como um dos alicerces do combate aos cartéis.

Tínhamos consciência de que, na esteira da consolidação e do amadurecimento institucional da SDE, assistiríamos a uma inflação da processualidade. Invariavelmente, o emprego das novas técnicas investigativas, como buscas e apreensões, acordos de leniência e uso de provas emprestadas de investigações criminais, exigiria o aprimoramento e a sofisticação das questões processuais. À medida que, graças aos referidos instrumentos de produção de provas, obtinham-se provas de práticas infrativas, cada vez mais as partes investigadas passariam a apelar para sutilezas jurídicas, exacerbando as formas processuais, para tentar obviar ou dificultar a aplicação das sanções. Como consequência, a maior eficácia da atuação estatal na repressão às infrações e no controle de estruturas levou, progressivamente, à maior participação do Poder Judiciário na revisão dos atos do Sistema Brasileiro de Defesa da Concorrência.

Em seu discurso de posse, onde apontou o combate aos cartéis como prioridade de sua gestão, o secretário Daniel Krepel Goldberg defendeu o fortalecimento do sistema de concorrência, a partir de "um trabalho mais dinâmico e conjunto entre a secretaria, a Advocacia-Geral da União (AGU) e a Polícia Federal no combate e na repressão ao abuso do poder econômico".[17] Por essa razão, estabelecemos desde os primeiros dias estreita parceria com a AGU, assumindo a responsabilidade pela elaboração das primeiras minutas das peças de defesa dos atos administrativos em juízo.

Isso, no começo, talvez não tenha sido bem compreendido pelas empresas e seus advogados, desacostumados com a presença das autoridades administrativas nos litígios judiciais. Em 20 de fevereiro de 2003,[18] uma das empresas investigadas de participar do chamado "Cartel dos Vergalhões" obteve liminar judicial para paralisar as investigações da SDE.[19] De forma inédita, "entramos em campo" para explicar aos magistrados a perspectiva da autoridade administrativa e impedir que o processo ficasse paralisado por meras filigranas jurídicas. Com isso, em 27 de fevereiro de 2003, conseguimos a revogação da liminar que havia sido concedida *inaudita altera parte* pelo juiz da 21ª Vara Federal de Brasília.[20] Ao cruzar com os técnicos da SDE na antessala do gabinete do desembargador relator, a

---

17 "Novo Secretário da SDE elege cartéis como alvo", *Jornal de Brasília*, 9 jan. 2003, p. 18.

18 "Belgo consegue liminar contra processo da SDE", *Valor Econômico*, 24 fev. 2003, p. B5.

19 Ação judicial 2003.34.00.005159-1 e Processo administrativo 08012.004086/2000-21.

20 "SDE retoma investigação sobre cartel. Secretaria derrubou liminar da Belgo Mineira que impedia andamento do processo administrativo", *Valor Econômico*, 5 mar. 2003, 2º Caderno.

advogada que representava uma das empresas cartelizadas, surpresa, disse em alto e bom som que "achava muito estranho aquele interesse todo da SDE no caso". Na verdade, não havia qualquer interesse particular ou escuso, mas sim sincero empenho em defender a instituição e suas decisões, o que hoje é reconhecido por todos que participaram do caso, conforme explicado ao público pelo secretário Daniel Krepel Goldberg:

> O potencial simbólico dessas decisões da SDE que são cassadas no Judiciário é muito ruim, porque se passa a impressão de que decisões administrativas não têm validade. Já avisei que vamos nos envolver pessoalmente na contestação dessas decisões no Judiciário. A SDE centrará esforços para evitar que medidas do Sistema Brasileiro de Defesa da Concorrência sejam suspensas pelo Judiciário.[21]

Na linha do que havia sido definido pelo ministro Márcio Thomaz Bastos, a SDE firmou com a Secretaria de Acompanhamento do Ministério da Fazenda (SEAE) uma portaria conjunta, pela qual simplificaram os processos de análise dos atos de concentração de menor potencial ofensivo (Portaria Conjunta SEAE/SDE 01, de 19 de fevereiro de 2003), instituindo o rito do "procedimento sumário". Isso exonerou a SDE de uma atividade redundante e que muito pouco ou quase nada agregava

---

21 "SDE tornará mais rápida análise de processos de 'baixa concentração'", *Valor Econômico*, 6 mar. 2003.

O MINISTRO QUE MUDOU A JUSTIÇA

em termos de qualidade da análise antitruste, liberando seus escassos recursos humanos e materiais para poderem dedicar mais atenção aos atos de concentração complexos, além do combate aos cartéis.

Graças a isso, verificaram-se importantes melhorias na política de controle de atos de concentração·

- Simplificação da análise de casos de menor potencial ofensivo.
- Racionalização da análise de atos de concentração de maior complexidade, eliminando ociosas redundâncias processuais.
- Melhoria qualitativa da análise econômica, mediante emprego de métodos quantitativos e estudos econométricos até então inéditos.
- Redução do tempo médio de análise de atos de concentração pelo Cade de 80 dias (em 2002) para 42 dias (em 2009).
- Maior clareza e segurança jurídica no regime de controle de atos de concentração no Brasil.

Importantes atos de concentração foram decididos pelo ade na gestão do ministro Márcio Thomaz Bastos, destacando-se, pela enorme repercussão que causou na mídia, a primeira reprovação total, ocorrida no caso Nestlé/Garoto. A decisão foi tomada pelo Cade em 4 de fevereiro de 2004. Por maioria, os conselheiros do Cade seguiram o voto do relator, conselheiro Thompson Andrade, restando vencido o presidente João Grandino Rodas.

UM MARCO HISTÓRICO NA DEFESA DA CONCORRÊNCIA

A decisão foi tomada em meio a uma grande pressão por parte das empresas envolvidas, que mobilizaram forças políticas para influenciar a decisão e, inclusive, as indicações para os novos mandatos que se encerrariam em meados daquele ano. A atuação de Márcio Thomaz Bastos foi no sentido de impedir que os interesses econômicos em jogo influenciassem as indicações para os próximos mandatos e alterassem indevidamente o resultado do julgamento. Ao fim, Márcio Thomaz Bastos não permitiu que se repetisse o malogro do caso Gerdau/Pains.

Na mesma toada em que o Brasil avançou na prevenção e repressão às infrações antitruste, assistiu-se a uma progressiva judicialização da política de defesa da concorrência. A prodigalidade na concessão de liminares pelo Poder Judiciário e o fato de a atividade de contencioso ter sido colocada em segundo plano pela procuradoria durante os dez primeiros anos da Lei nº 8.884/1994 podem ser apontados como causas do baixíssimo *enforcement* das decisões do Cade no período. Por isso, no biênio 2006-2007, a procuradoria do Cade alterou consideravelmente seu perfil de atuação, tornando-se um centro de excelência na advocacia pública que, focado em resultados, buscava conferir máxima efetividade às decisões do Cade, mediante o manejo criativo, aguerrido e permanente de todos os instrumentos administrativos e judiciais cabíveis.

Foram realizadas as primeiras Transações Judiciais (Caso Microsoft/TBA, 2006) e o primeiro Termo de Compromisso de Cessação (TCC) em caso de cartel. No triênio, foram inscritas em dívida ativa todas as multas aplicadas e não pagas até então (mais de R$ 1 bilhão) e ajuizadas mais de 440 execuções fiscais contra os devedores, o que implicou no recolhimento de valores mais de dez vezes maiores do que os que haviam sido recolhidos em toda a história do Cade.

Importantes casos judiciais foram vencidos pelo Cade, sendo o mais paradigmático deles a ação ajuizada pela Vale em 2005, que sepultou em definitivo a crença, amplamente disseminada até então, segundo a qual bastava uma filigrana jurídica para suspender as decisões do Cade no Judiciário.[22] Ou seja, a máquina foi posta para funcionar, a serviço do interesse público.

Em reconhecimento aos avanços obtidos, a revista *Global Competition Review*, ao realizar a avaliação anual das agências antitruste no mundo, saudou como principal conquista do Cade em 2006 "o fortalecimento das decisões do Cade durante as revisões pelo Poder Judiciário. Essa conquista pode ser vista como resultado do papel mais proativo do procurador-geral do Cade e da personalidade e disposição do presidente ao explicar os casos ao Poder Judiciário". Em reforço, o Relatório da Auditoria da OCDE, realizada em 2010, concluiu que

> o Cade obteve sucesso notável nos últimos anos em um aspecto de sua atividade no tribunal – a cobrança de multas.

---

22 Mandado de Segurança 2005.34.00.032899-7, que tramitou perante a Seção Judiciária do DF.

UM MARCO HISTÓRICO NA DEFESA DA CONCORRÊNCIA

Em 2006, o procurador-geral do Cade realizou uma revisão do status das multas que foram impostas em casos de conduta e observou que poucas foram pagas. O Cade invocou um procedimento sob a lei brasileira que prevê que multas não pagas sejam convertidas em dívida ativa da União, que pode então ser cobrada no tribunal. O esforço produziu resultados imediatos.[23]

As críticas ao sistema de controle *ex post* de atos de concentração são tão antigas quanto a própria Lei nº 8.884/94 que o instituiu. Na época, considerava-se um passo necessário, embora transitório, para que o Sistema Brasileiro de Defesa da Concorrência tivesse tempo de assimilar o conhecimento técnico e institucionalizar os procedimentos, sem prejudicar a conclusão das operações econômicas. No entanto, após dez anos da promulgação da Lei nº 8.884/1994, esse sistema mostrou-se excessivamente oneroso para os negócios, sem proporcionar, em contrapartida, um controle estatal eficaz sobre a estrutura do mercado.

Diversas iniciativas legislativas e projetos de reforma do Cade já estavam em discussão quando, em 2003, o ministro Márcio Thomaz Bastos decidiu colocar sua aprovação entre as metas prioritárias da sua gestão. Foram inúmeras as discussões, tanto internas ao governo como externas. O anteprojeto ganhou tração no final de 2004, com sua inclusão no plano de Reformas Microeconômicas

---

23 OCDE/IDB, *op. cit.*, 2010.

O MINISTRO QUE MUDOU A JUSTIÇA

e Crescimento de Longo Prazo do Ministério da Fazenda. Em 2005, finalmente, a Presidência da República enviou para o Congresso Nacional o projeto de lei que ganhou o número 5.877/2005.

Inúmeras foram as dificuldades enfrentadas na tramitação, desde o desinteresse da classe política (o que nos obrigava a um constante corpo a corpo no Congresso Nacional) até o lobby contrário de grupos econômicos pouco interessados na implantação de um sistema que funcionasse de verdade.

Para agilizar a tramitação, foi criada na Câmara dos Deputados uma comissão especialmente dedicada a discutir o tema. O projeto de lei foi aprovado na Câmara dos Deputados em dezembro de 2009 e no Senado em 2010, vindo a ser finalmente promulgado em 2011, como Lei nº 12.529.

Surpreendendo as expectativas mais otimistas, o sistema de análise prévia foi implementado de forma suave, segura e muito competente pelo governo Dilma Rousseff. Operações de busca e apreensão hoje são rotineiras, e os programas de leniência e de acordos em casos de cartel estão absolutamente consolidados, com regras e procedimentos claros, previsíveis, livres de ingerências políticas e, sobretudo, garantidos por *checks and balances* bem calibrados, que conferem segurança jurídica aos administrados. Não por acaso, o Cade recebeu, em 2013, a quarta estrela da revista *Global Competition Review*, apenas mais um dos vários reconhecimentos internacionais que vem merecidamente recebendo todos os anos.

UM MARCO HISTÓRICO NA DEFESA DA CONCORRÊNCIA

A gestão do ministro Márcio Thomaz Bastos legou ao país o fortalecimento institucional da política de defesa da concorrência, aprimorando os procedimentos, reestruturando a governança e imprimindo uma cultura de eficiência e resultados concretos. Esse nível de excelência, reconhecido internacionalmente, foi possível graças ao comprometimento de diversas gerações de servidores públicos com as metas do planejamento estratégico definido em 2003, cada qual superando os desafios particulares de seu tempo. É fundamental que se continue a zelar pela independência política e pela qualidade técnica das ações do Cade, sem jamais subestimar o risco de interesses não republicanos desmantelarem o que já foi alcançado ou, pior, desviarem essas conquistas para fins errados.

10. UM PENSADOR DA JUSTIÇA NA ORIGEM DO CONSELHO NACIONAL DE JUSTIÇA

Luis Felipe Salomão

Não é honesto, quando se fala dos problemas da Justiça, refugiar-se atrás da cômoda frase feita que diz ser a magistratura superior a qualquer crítica e a qualquer suspeita, como se os magistrados fossem criaturas sobre-humanas, não atingidas pelas misérias desta terra e, por isso, intangíveis. Quem se contenta com essas tolas adulações ofende a seriedade da magistratura, a qual não se honra adulando, mas ajudando sinceramente a estar à altura de sua missão.

PIERO CALAMANDREI[1]

UM POUCO DA HISTÓRIA

A lembrança de Márcio Thomaz Bastos, sempre com muita saudade, se confunde com a transformação experimentada pelo sistema de justiça em um passado recente.

---

1 Piero Calamandrei, *Eles, os juízes, vistos por um advogado*, 2000, p. 297.

Em todas as suas facetas, um homem à frente do seu tempo.

Como registrou o inesquecível Vieira, "o bem ou é presente, ou passado, ou futuro: se é presente, causa gosto; se é passado, causa saudade; se é futuro, causa desejo".[2]

Corria o ano de 1935 quando nasceu Márcio Thomaz Bastos, na cidade de Cruzeiro, em São Paulo, um dos cinco filhos de José Diogo Bastos e Salima Thomaz Bastos.

Seu pai era médico, formado na Universidade Federal do Rio de Janeiro (UFRJ), companheiro de Adhemar de Barros, tendo seguido carreira política em São Paulo (prefeito, deputado por vários mandatos, secretário de Estado, à época ministro do Tribunal de Contas).

Márcio Thomaz Bastos, ainda na Faculdade do Largo de São Francisco, elegeu-se vereador em Cruzeiro, com atuação destacada, revelando, já ali, sua personalidade de homem público.

Tive o privilégio de conhecê-lo no final dos anos 1980 em Cruzeiro, onde fui promotor de Justiça ainda muito novo, no início de minha carreira, Márcio já um advogado de destaque. Aprendi muito com ele, como ser humano fantástico e profissional visionário.

Seu início profissional foi no departamento jurídico das Centrais Elétricas de São Paulo (CESP), tendo sido lotado na procuradoria da assistência jurídica, onde realizou cerca de seiscentos júris em defesa dos menos assistidos.

---

2 Antônio Vieira, "Sermão de Nossa Senhora do Ó", 1959, p. 201.

UM PENSADOR DA JUSTIÇA NA ORIGEM DO CONSELHO NACIONAL DE JUSTIÇA

Realizou júris lendários, como de Lindomar Castilho, Chico Mendes e muitos mais por todo o Brasil, agregando a seu perfil o talento de grande orador.

Após uma passagem à frente da Ordem dos Advogados do Brasil, de São Paulo (OAB-SP), projetou-se no cenário institucional da advocacia brasileira, eleito presidente do Conselho Federal da OAB em 1987, com forte atuação perante a Constituinte de 1988.

A preocupação com a justiça social permeou sua vida e sua marcante trajetória profissional.

Ocupou o honroso cargo de ministro da Justiça após a eleição de 2002 e lá permaneceu até 2007.

Nessa função, realizou a maior revolução no sistema de justiça, em tempo muito curto, jamais imaginada neste país.

Destaca-se a criação do Conselho Nacional de Justiça (CNJ), bem como da Escola Nacional de Formação e Aperfeiçoamento de Magistrados (Enfam) e da Escola Nacional de Formação e Aperfeiçoamento de Magistrados do Trabalho (Enamat), implementando a Secretaria da Reforma do Poder Judiciário, que viabilizou a aprovação da Emenda Constitucional nº 45/2004, denominada Reforma do Poder Judiciário.

Transformou a Polícia Federal e iniciou a grande mudança do sistema penitenciário, além de instituir o Departamento de Recuperação de Ativos, entre outras marcantes iniciativas.

MÁRCIO E O CNJ

A ideia de um órgão de controle do Poder Judiciário, à semelhança do previsto em alguns outros países desenvolvidos, não era nova.

Desde a criação das Cortes Constitucionais europeias na década de 1950 e a reformulação de grande parte dos sistemas de justiça do mundo, esse tema passou a ser debatido com certa intensidade.

No Brasil, a primeira tentativa de inseri-lo no contexto constitucional foi com Márcio, pelo Conselho Federal da OAB, na Assembleia Constituinte.

No entanto, em 7 de abril de 1988, a proposta de criação do CNJ foi rejeitada pelo plenário da Assembleia Nacional Constituinte por 245 votos contra 201 e 2 abstenções.

Durante a votação, o então deputado Nelson Jobim (PMDB-RS) alegou que o CNJ era a contrapartida necessária à autonomia adquirida pelo Judiciário por meio da Constituinte. O deputado Egydio Ferreira Lima (PMDB--PE) também considerava a fiscalização importante para que tal poder não ficasse exposto a censuras públicas por parte da imprensa e de outros tribunais. Esses deputados afirmaram que esse tipo de conselho também existia em outros países, como França, Portugal e Espanha.

A despeito dos pronunciamentos e do esforço da OAB, a criação do CNJ não foi aprovada. Logo, o controle do Judiciário acabou não fazendo parte da Constituição de 1988.

Ainda assim, a Lei Maior trouxe inúmeros avanços. Primeiro, discutiu-se se o Judiciário seria mantido como

UM PENSADOR DA JUSTIÇA NA ORIGEM DO CONSELHO NACIONAL DE JUSTIÇA

poder da República, o que de fato aconteceu. A intenção, naquela época, era se assemelhar à francesa, em que não se trata de um poder, mas de uma função.

Na Carta Magna, assegurou-se autonomia administrativa e financeira ao Judiciário, o que é importantíssimo, por ser padrão de independência que não existe em nenhum outro lugar do mundo.

Foram assentados alguns pontos importantes da carreira, como a exigência de cinco anos para aposentadoria e o quinto na antiguidade para a promoção por merecimento. Ademais, foram instituídos o *habeas data*, o mandado de injunção e o mandado de segurança coletivo. Depois veio a Emenda Constitucional nº 45, com outros avanços inegáveis ao Poder Judiciário.

Márcio Thomaz Bastos idealizou e trabalhou a emenda constitucional do início ao fim.

Estabeleceu-se a razoável duração do processo, assim como o número de juízes proporcional à demanda, a justiça itinerante, a súmula vinculante no Supremo Tribunal Federal (STF), os critérios objetivos de promoção, os três anos de experiência no tocante ao ingresso na magistratura, a eleição direta para parte do órgão especial, a quarentena, o fim das férias coletivas e a distribuição imediata de processos.

Como já asseverado, houve o surgimento da Enfam no Superior Tribunal de Justiça (STJ) e da Enamat no Tribunal Superior do Trabalho (TST), fixando-se um curso como etapa obrigatória no período de vitaliciamento.

Além de tudo isso, a Emenda Constitucional nº 45 criou o CNJ, nos termos do art. 103-B da Constituição Federal,

O MINISTRO QUE MUDOU A JUSTIÇA

composto por quinze conselheiros, sendo três ministros de tribunais, seis magistrados, dois membros do Ministério Público, dois integrantes da OAB e dois cidadãos de notório saber jurídico e reputação ilibada, um indicado pelo Senado e outro pela Câmara.

Essa composição híbrida fornece ao conselho pensamento múltiplo dos usuários do sistema judiciário, de modo que o exame de cada assunto se torna realmente muito rico e produtivo para esse braço institucional e de estabelecimento de políticas públicas.

Não foi fácil a trajetória, sendo certo que Márcio Thomaz Bastos foi o grande timoneiro dessa jornada de transformação.

Todos os magistrados à época viam o CNJ com certa cautela. No entanto, o trabalho de Márcio e do secretário da Reforma do Judiciário, Sérgio Renault, ajudaram a planificar o caminho.

Passo a passo, mediante as pautas elaboradas pelo CNJ (ministro Nelson Jobim, presidente, e Flávio Dino, secretário-geral à época) e a seriedade com a qual os temas foram tratados, os integrantes do conselho firmaram precedentes importantes para conferir não só a respeitabilidade desse órgão, como também a confiança da sociedade nos próprios magistrados.

Hoje se percebe, com muita nitidez, como o CNJ é importante para a sociedade e o fortalecimento institucional, com o encaminhamento de pleitos das associações e dos tribunais.

Trata-se de instrumento poderoso de política pública, sendo o CNJ moldado com características bem próprias.

Se realizado estudo de direito comparado com outros conselhos que existem no mundo, nenhum outro tem esse alcance, esse calibre de políticas públicas como se constata no Brasil.

Há inúmeras decisões que poderiam ser mencionadas e que dão bem o panorama dessa atividade do conselho.

O relatório "Justiça em números" é exemplo importantíssimo para traçar a radiografia do Judiciário, pois não se aplica remédio sem saber qual é a doença.[3]

Algumas decisões marcaram época: o fim do nepotismo, a especificação dos critérios objetivos para promoção, a equalização da força de trabalho entre primeiro e segundo grau, o orçamento participativo.

Cabe destacar a evolução em diversas matérias, como o julgamento com perspectiva de gênero, o regime de cotas em concurso, a união e o casamento homoafetivo.

A CORREGEDORIA NACIONAL DE JUSTIÇA

A Emenda Constitucional nº 45, ao criar o CNJ na estrutura do Poder Judiciário, inseriu a Corregedoria Nacional com destaque.

Confira-se a redação do art. 113-B, parágrafo 5º:

> O Ministro do Superior Tribunal de Justiça exercerá a função de Ministro-Corregedor e ficará excluído da distribuição de processos no Tribunal, competindo-lhe, além das

---

3 Conselho Nacional de Justiça, *Justiça em números 2023*, 2023.

atribuições que lhe forem conferidas pelo Estatuto da Magistratura, as seguintes:

I - receber as reclamações e denúncias, de qualquer interessado, relativas aos magistrados e aos serviços judiciários;

II - exercer funções executivas do Conselho, de inspeção e de correição geral;

III - requisitar e designar magistrados, delegando-lhes atribuições, e requisitar servidores de juízos ou tribunais, inclusive nos Estados, Distrito Federal e Territórios.[4]

No caso da corregedoria, mais especificamente nesse passado recente, estão sendo compilados todos os atos normativos do órgão. Fixou-se a consolidação das matérias judiciais e extrajudiciais, com fácil consulta e manuseio.

Além disso, as correições foram totalmente reformuladas, com a criação de um manual de procedimento. O tribunal local corrige os problemas identificados na correição anterior e já se prepara para a próxima.

Foi implantado, nos cartórios extrajudiciais, o Sistema Eletrônico de Registros Públicos (SERP), que busca criar grande balcão virtual para funcionamento interoperável do sistema.

Por sua vez, o jovem prestes a completar 18 anos de idade tem esperança com o "Projeto Novos Caminhos".

Vem sendo promovida a regularização fundiária, mediante parceria entre a comissão responsável pelo tema e a Corregedoria Nacional. Na semana chamada "Solo Seguro

---

4 Emenda Constitucional nº 45, de 8 dez. 2004.

no âmbito da Amazônia Legal", foi instituído o Serviço de Regularização Fundiária Urbana (Reurb).

É imperioso trabalhar na transparência e nos critérios de mensuração de eficiência dessas demandas, porque não basta ter uma boa legislação. É preciso ser vigilante.

Adveio a semana de erradicação do sub-registro civil, intitulada "Registre-se!", programa no qual milhares de pessoas estão sendo atendidas. Houve o fornecimento de inúmeras certidões de nascimento, documento básico destinado a obter cidadania, especialmente para moradores de rua.

O programa "Um só coração" tem o objetivo de simplificar e tornar mais eficiente o processo de autorização para a doação de órgãos, tecidos e partes do corpo humano, contando com nova ferramenta desenvolvida pelo Colégio Notarial do Brasil (CNB): a Autorização Eletrônica de Doação de Órgãos, Tecidos e Partes do Corpo Humano (AEDO), por meio da qual será possível realizar a declaração voluntária de vontade da pessoa interessada de forma simplificada.

São tantas as realizações, ainda tantas por vir, e Márcio, onde estiver, com aquele sorriso largo, deve estar a dizer: "Viu, Salomão! Não te falei?"

Em discurso proferido na solenidade de instalação do CNJ e de posse dos respectivos integrantes, realizada no auditório da Primeira Turma do STF em 14 de junho de 2005, Márcio Thomaz Bastos destacou, de maneira objetiva e singela, a relevância daquela antiga aspiração:

Fui pego de surpresa, não contava de falar neste ensejo. Mas quero dizer que, se tivesse preparado um discurso, estaria igualmente emocionado pelo sentido simbólico desta instalação. Afinal de contas, foi uma luta de quase vinte anos. Afinal de contas, foi um trabalho lento, em que a sociedade brasileira foi se convencendo, pelos seus representantes na Câmara e no Senado, de que este era um órgão importante, que não era um instrumento e uma ferramenta contra o Poder Judiciário, mas, ao contrário disso, a favor do Poder Judiciário. E, hoje, corporificamos, nesta instalação solene, o que atingimos deste antigo ideal.[5]

Atingir a nossa consciência – e mudar o mundo à sua volta – foi a mais valiosa conquista de Márcio Thomaz Bastos.

---

5 Márcio Thomaz Bastos, "Discurso do ministro da Justiça", 14 jun. 2005.

11. MÁRCIO THOMAZ BASTOS POR ELE MESMO

COMÍCIOS PELAS DIRETAS

Fui presidente da OAB num momento importante. [...] Tive sorte de pegar a OAB de [19]83 a 85, aqui em São Paulo, quando teve a campanha das Diretas. Eu falei naquele comício de 25 de janeiro de [19]84. Teve um comício do PT no Pacaembu no fim de [19]83, depois teve esse grande comício que tinha 300 mil pessoas na Praça da Sé. Nesse eu falei em nome da sociedade civil, eles diziam. [...] Depois veio aquela sucessão de comícios em [19]84, até a emenda Dante de Oliveira ser derrotada no Congresso por uma maioria exígua, não é? [...] Fui no comício da Candelária no Rio, tinha um milhão de pessoas, coisa linda. Foi lá que o Sobral Pinto fez um discurso em que ele leu um artigo da Constituição e recebeu uma ovação de dez minutos. Ele leu assim: "Todo poder emana do povo, em seu nome será exercido."

[Depoimento ao CPDOC/FGV, 2011]

PARLAMENTARISMO OU PRESIDENCIALISMO

Pessoalmente, reconheço que o sistema parlamentarista é um sistema melhor, um sistema que tem em seu interior mecanismos de absorção e de superação das crises muito mais eficientes do que o presidencialismo. Contudo, tenho muito medo da aplicação do parlamentarismo como se fosse uma espécie de injeção de emergência, como se fosse um pronto-socorro do regime. [...] Não acredito que o parlamentarismo seria uma boa solução [...] inclusive porque nós todos, nação brasileira, estamos fortemente condicionados a que a transição só se vai efetivar, só se vai consumar, com a eleição direta do presidente da República.

[*Roda Viva*, TV Cultura, 1988]

CONDIÇÕES PARA O PARLAMENTARISMO

No Brasil, para que se implantasse o parlamentarismo, era necessária a existência de certas condições que não foram preenchidas. Não temos um sistema partidário forte. [...] Não temos uma burocracia estatal estável. Uma burocracia que tenha tido acesso aos seus cargos por concurso, de modo que pudesse suportar [...] a administração do Estado nos momentos de queda de gabinete. Não temos o voto distrital, que me parece uma condição importante para o regime parlamentarista. [...] Temos o voto proporcional e a tendência da Constituição é que esse voto continue proporcional. Então, não vejo estabelecido nenhum dos requisitos para que se possa fazer a implantação de um parlamentarismo do ponto de vista técnico.

[*Roda Viva*, TV Cultura, 1988]

A CRISE POLÍTICA E AS DIRETAS

Do ponto de vista político, o que está havendo no Brasil [...] – desde que se começaram a organizar os focos de resistência ao regime autoritário [...] – é a propugnação da eleição direta para presidente da República. De modo que agora o que é que se vai fazer? Depois de uma luta que em [19]84 se intensificou – e, porque se intensificou, permitiu aquele milagre, de um Colégio Eleitoral, feito para eleger o candidato da situação, eleger o candidato da oposição –, agora se chega em [19]88 e se diz "não vai haver Diretas", sem eleição, sem consulta ao povo. Vai haver um parlamentarismo [determinado] por um Congresso que foi eleito de uma maneira da qual dissentimos, porque eleito como congresso constituinte e não como assembleia nacional constituinte específica. Sob esse aspecto político, é difícil acreditar que o parlamentarismo dê certo. O país mergulhou num tal atoleiro, numa crise tão séria, tão forte, tão multifacetária, [...] que, para sair disso, é preciso um governo que tenha no mínimo a confiança do povo, que tenha no mínimo uma disposição do povo de acompanhar um plano de governo e de ajudar na execução desse plano.

[*Roda Viva*, TV Cultura, 1988]

COLÉGIO ELEITORAL E TRANSIÇÃO COM TRANSAÇÃO

Quando a campanha pró-Diretas em [19]84 estava no seu auge, com todo aquele poder de pressão popular, foi feito um esvaziamento da campanha. Todos nós sentimos isso [...], logo depois da derrota da emenda Dante Oliveira, [...] aquela grande transição com transação, quando se pretendeu que uma eleição por Colégio Eleitoral era o mesmo que uma eleição de presidente da República. Já tinha havido aquele acordo de elites brasileiras, a transição por cima, a transição fazendo a travessia pelo Colégio Eleitoral, que veio a dar nisto: um presidente como o presidente Sarney, um funcionário do destino, que acabou tendo de governar de acordo com a sua índole, com as suas inclinações e, principalmente, com os compromissos que tinham sido assumidos. Com o povo brasileiro? Não. Com os compromissos que haviam sido assumidos para conseguir aqueles votos que garantiram a vitória de Tancredo Neves contra Paulo Maluf.

[*Roda Viva*, TV Cultura, 1988]

DEMOCRACIA DE MASSAS, SEM TUTELA

Nós, que queremos uma democracia social e econômica no Brasil, uma democracia de massas, não apenas uma democracia de classe média, ou uma democracia formal, temos a obrigação de lutar para que se deem os passos na direção disso. Um desses passos é acreditar no povo, acreditar que o povo vai escolher um candidato. Não se pode agora tutelar o povo, como se este fosse menor de idade. Não se pode dizer "não, este ano não dá para fazer eleição porque a situação está ruim, quem sabe no ano que vem...".

[*Roda Viva*, TV Cultura, 1988]

DIREITOS COLETIVOS NA CONSTITUIÇÃO

A nova Constituição permitirá à nação brasileira dirigir-se, com liberdade e igualdade, rumo ao desenvolvimento?

MÁRCIO THOMAZ BASTOS POR ELE MESMO

Do ponto de vista dos instrumentos jurídico-processuais postos à disposição do povo, o projeto supera a concepção individualista dos direitos subjetivos, criando meios para ações coletivas, indispensáveis na sociedade de massas. O Título II, que trata dos direitos e garantias individuais, inclui os direitos coletivos, categoria até hoje ausente do nosso ordenamento jurídico. O Título VIII, por sua vez, consagra o direito à educação como direito subjetivo, dotado de ação contra o Estado. Criaram-se o mandado de segurança coletivo, o mandado de injunção, o *habeas data*, a ação de inconstitucionalidade por omissão, e ampliou-se a ação direta de inconstitucionalidade. Esta, vital para a preservação da Lei Básica, deixa de ser monopólio de órgão subordinado ao Poder Executivo e passa a pertencer inclusive a entidades da sociedade civil.

Um conjunto de direitos novos vem preencher lacunas no tocante à proteção do ambiente, das minorias, da família, dos trabalhadores, do aposentado. No que respeita à família, ao se reconhecer a união estável, afasta-se a atitude marginalizadora da família que não fosse originada do casamento, mantendo-se ao largo de direitos e obrigações. Ao trabalhador são asseguradas a semana de 44 horas, o turno de seis horas, a licença-maternidade de 120 dias. [...] Põem-se normas moralizadoras quanto ao funcionalismo público e ao desempenho da administração, sancionando-se os atos de improbidade administrativa com a suspensão dos direitos políticos, a perda da função pública e a indisponibilidade dos bens.

[Artigo para *Folha de S.Paulo*, 1988]

ACUMULAÇÃO DE RIQUEZA E EXTINÇÃO DA POBREZA

O rol destas inovações, entretanto, deixa intacto o sistema vigente de produção e acumulação de riqueza. Sob esse aspecto, nos anos mais recentes assistimos a um processo concentrador, patrocinado pelo Estado em favor dos poderosos. Seria necessário inverter sua direção para nos colocarmos no rumo do desenvolvimento, que implica a superação das desigualdades e das formas flagrantes de injustiça social. É inconcebível, hoje, um texto constitucional que cristalize a dominação econômica, que hierarquize o capital acima do trabalho, e que não afirme a meta de extinção da pobreza como forma generalizada de existência.

[Artigo para *Folha de S.Paulo*, 1988]

A LEI E O ESTADO

O Estado brasileiro sempre foi objeto de apropriação e privatização por setores de interesse particular, nunca o porta-voz do **interesse público**. O Estado nacional financia o **interesse particular**, suporta os insucessos do capitalismo sem risco, emprestando dinheiro e se envolvendo em escândalos, financiando golpes nos mercados de capitais. O Estado cresceu desmedidamente e, além disso, não cumpre minimamente as suas funções, devido à sua natureza autoritária. E esse autoritarismo vem de nossas raízes de formação sociocultural e política. O Brasil foi Estado antes de ser Nação.

[*Gazeta de Pinheiros*, 1990]

ESTATUTO DA TERRA E REFORMA AGRÁRIA

Frente à crise ou situação adversa, temos a tentação de mudar a lei pensando que podemos mudar a realidade. Nós temos, por exemplo, no Estatuto da Terra de 1964 – instituído no começo do golpe militar – uma lei que na minha opinião seria suficiente para que se fizesse a reforma agrária no Brasil. No entanto, os grandes proprietários rurais distorceram de tal forma essa questão da terra que, ao chegarmos na Constituinte de 88, transformaram a reforma agrária num falso dilema. Saber se a propriedade rural produtiva podia ou não ser desapropriada nunca foi a questão da reforma agrária. Sem esta, o Brasil nunca será um país capitalista capaz de operar o seu desenvolvimento dentro desse sistema.

[*Gazeta de Pinheiros*, 1990]

O PACTO FUNDAMENTAL PELA DEMOCRATIZAÇÃO

A Constituição é um pouco analítica demais, mas é melhor ser analítica do que ser sintética, na minha opinião. Acho que ela cumpriu um papel importantíssimo: ela assegurou uma transição para um regime democrático que começou na eleição direta de [19]89 [...] e vem vindo ininterruptamente. Depois de 88 nunca mais a gente teve nenhum curto-circuito da legalidade. Tudo aconteceu no Brasil dentro dos limites e dos marcos da constitucionalidade e da legalidade. Essa virtude tem de ser reconhecida na Constituição de [19]88.

[Depoimento ao CPDOC/FGV, 2011]

O MINISTRO QUE MUDOU A JUSTIÇA

JUSTIÇA PARA OS POBRES

Durante muitos anos no Brasil tivemos a ilusão de que mudando a lei mudávamos a realidade. Não é assim. É preciso mudar as instituições republicanas. Quando falo em reformar o Poder Judiciário, isso significa democratizá-lo, torná-lo mais próximo do povo.

[*Roda Viva*, TV Cultura, 2004]

A PEDRA DE TOQUE

A luta pela criação do Conselho Nacional de Justiça vem da Constituinte, de [19]87, quando a OAB apresentou esse projeto através do então deputado constituinte Nelson Jobim. Fomos derrotados por muito pouco. Havia uma resistência muito grande. E hoje nós temos muito menos resistência. Por que eu acho esse Conselho importante? Tanto pelo poder de corregedor que ele tem, de punir juízes, de fiscalizar juízes, de olhar os eventos funcionais dos juízes, mas também porque ele pode ser um grande órgão de planejamento do Poder Judiciário. [...] Acredito que ele seja uma pedra de toque. Por isso acho fundamental essa reforma constitucional.

[*Roda Viva*, TV Cultura, 2004]

JUDICIÁRIO DEMOCRÁTICO

O Poder Judiciário abriu-se à sociedade brasileira. A decisão do Supremo Tribunal Federal de considerar constitucional o Conselho Nacional de Justiça, além de representar um enorme avanço na reforma do Poder Judiciário, revelou o compromisso democrático da cúpula da magistratura com a população brasileira. O relatório do ministro Antonio Cezar Peluso, favorável à constitucionalidade do Conselho, aprovado por outros seis ministros da Suprema Corte, apontou não apenas pela legalidade do órgão, mas pela necessidade de sua instituição. Necessidade de romper ao mesmo tempo com a postura histórica de isolamento desse Poder perante os anseios da população e com o corporativismo que perpassa setores da magistratura.

[Artigo para *Folha de S.Paulo*, 2005]

VALORIZAR A PRIMEIRA INSTÂNCIA

A decisão de primeira instância no Brasil, de tal maneira o sistema se deformou, é um lugar de passagem. As pessoas esperam a decisão para recorrer, porque sabem que não é ali que se decide. O que se pretende fazer, com essa proposta de reforma processual, é estabelecer aquele padrão de todos os países civilizados: o duplo grau de jurisdição. E valorizar a primeira instância, [...] torná-la um lugar de decisão, um lugar respeitado, onde as pessoas saibam que precisam dar o melhor.

[*Roda Viva*, TV Cultura, 2004]

AUTONOMIA PARA A DEFENSORIA

As penas alternativas, nós trabalhamos muito nisso. Todas essas ideias que eu levei para lá, um pouco foram feitas. [...] No Poder Judiciário, a reforma – posso falar porque não me atribuo os méritos – foi feita de uma maneira brilhante. Porque, em 2004, a reforma constitucional do Poder Judiciário foi promulgada, que é a Emenda nº 45. A súmula vinculante, que eu era contra, inicialmente, e a

O MINISTRO QUE MUDOU A JUSTIÇA

repercussão geral, todas essas coisas, que permitiram um desafogo e uma vocação do Supremo para Corte Constitucional. Além disso, a Defensoria Pública, a autonomia da Defensoria Pública, que é uma coisa fundamental no Brasil. Em matéria de distribuição de renda, eu falava ao presidente: "A defensoria pública é um Bolsa-Família jurídico." E, realmente, a gente fez muito nisso, teve muita verba, muito concurso, e demos autonomia para a defensoria pública.

[Depoimento ao CPDOC/FGV, 2009]

NOVAS REGRAS PARA OS PROCESSOS

Uma semana depois de promulgada a Emenda Constitucional nº 45, a gente tinha reunido 26 projetos, alguns estavam na Câmara, outros estavam no Senado, outros já tinham passado, outros a gente mandou para lá, reformando as regras do jogo, o Processo Civil, o Processo Penal e o Processo Trabalhista. Tudo se transformou em lei. A execução civil, que era uma gincana, que não acabava nunca, hoje está mais eficiente, está mais rápida. O Processo Penal hoje é muito melhor. Os advogados chiam um pouco. O Processo Penal é muito melhor hoje do que era.

[Depoimento ao CPDOC/FGV, 2009]

IDEIAS NA CABEÇA E UM MINISTÉRIO NA MÃO

Eu aceitei [o convite para ser ministro] um pouco por vaidade, um pouco pelo gosto de fazer certas coisas bem-feitas. Eu achava que tinha ideias muito claras, muito amalgamadas, acrisoladas a respeito de certas questões e que eu tinha

MÁRCIO THOMAZ BASTOS POR ELE MESMO

uma grande oportunidade de pôr essas ideias em prática. É isso que está me levando a ficar no ministério.

[*Roda Viva*, TV Cultura, 2004]

REESTRUTURAÇÃO DAS INSTITUIÇÕES

Eu tinha tudo na cabeça. Tudo era a reforma do Judiciário, incluindo o controle externo como joia dessa coroa. Era a reestruturação das instituições, incluindo Judiciário, Polícia Federal, Polícia Rodoviária Federal e os institutos do Ministério da Justiça; a criação da Secretaria de Reforma do Judiciário, o reforço da luta contra os cartéis, através do Cade e da Secretaria de Direito Econômico, do Ministério da Justiça, e o combate à lavagem de dinheiro, que eu achava que era uma coisa fundamental e que estava parada no Brasil. E tinha uma lei de [19]98, tinha o Coaf, que tem ainda, no Ministério da Fazenda, mas eu achava que tinha que ter um órgão, dentro do Ministério da Justiça, que fosse o executor dessas políticas. E nós criamos, junto com a Secretaria de Reforma do Judiciário, nós criamos um departamento de [...] combate à lavagem de dinheiro e cooperação jurídica internacional.

[Depoimento ao CPDOC/FGV, 2009]

CAMPANHA DO DESARMAMENTO

Essa campanha surgiu do Estatuto do Desarmamento votado pelo Congresso Nacional. Começamos com a campanha para desarmar os homens de bem. A primeira argumentação foi: "Mas os bandidos vão entregar as armas?" Aí respondíamos: "É lógico que não, do bandido é a polícia que toma."

O nosso objetivo é tirar as armas dos homens de bem. Para evitar o marido que numa discussão dá um tiro na mulher, a briga de trânsito em que o sujeito em vez de discutir tira o revólver e atira no outro, a briga no campo de futebol, a briga de moleque, como aconteceu em Brasília, em que um menino de 16 anos trocou tapas com outro, aí lembrou que o pai tinha um revólver [na mesinha de cabeceira], foi lá, pegou o revólver, voltou e matou o menino... É pra acabar com isso. [...] Esse tipo de crime, do homem de bem, da pessoa de bem, representou para o Sistema Único de Saúde no ano passado uma despesa de 400 milhões de reais. Essa é a maior epidemia brasileira, do sujeito que morre assim meio acidentalmente, por tiro que não é de bandido. Nosso objetivo era tirar 80 mil armas de circulação. Conseguimos, até 23 de dezembro, chegar a 200 mil armas. [...] Isso está representando claramente uma diminuição nesse tipo de crime. [...] Então, essa é uma campanha que, além de tomar as armas, mostra que as pessoas estão cansadas disso e querem construir uma cultura de paz.

[*Roda Viva*, TV Cultura, 2004]

DESCRIMINALIZAÇÃO DO USO DA MACONHA

Sou a favor da descriminalização do uso da maconha. [...] A *war on drugs*, a guerra contra as drogas, nunca deu certo. O traficante de drogas é um bandido que tem de ser combatido com todas as armas, com a violência legal do Estado, com a inteligência, com a informação e tudo. O usuário tem muito mais que ser tratado do que ser reprimido.

[*Roda Viva*, TV Cultura, 2004]

CONSTRUÇÃO DE PRESÍDIOS FEDERAIS

A Lei de Execução Penal, de 1984, já previa a construção de presídios federais. Eles não foram feitos no governo do Figueiredo, não foram feitos no governo Sarney, no governo Collor, no governo Itamar, nos dois governos do Fernando Henrique. Agora nós começamos a fazer. [...] São cinco presídios, um em cada região do país, com duzentas vagas cada um, de segurança máxima, para servir assim de regulador de estoque, porque a lei, o art. 86 da Lei de Execução Penal, foi modificada também, de modo que, agora, a pessoa condenada pode cumprir essa pena longe do local.

[*Roda Viva*, TV Cultura, 2004]

O SISTEMA PENITENCIÁRIO NACIONAL

Outra coisa importante, que eu tinha também na cabeça e que deu certo, foi um Sistema Penitenciário Federal, que está na lei desde [19]84, está na Lei de Introdução ao Código Penal, na parte geral do Código Penal de [19]84 e na Lei de Execuções de [19]84, e nunca tinha sido instalado, fazia oito anos, de 1984 a 2002. Nós fizemos o Sistema Penitenciário Federal.

[Depoimento ao CPDOC/FGV, 2009]

LEI DOS CRIMES HEDIONDOS

A Lei dos Crimes Hediondos já tem quatorze anos. É preciso verificar, depois de quatorze anos, quais foram os efeitos dessa lei. Quais foram os efeitos dela dentro do sistema penitenciário, [...] na construção de quadrilhas. Porque essas grandes quadrilhas [...], a estruturação delas é contemporânea à Lei dos Crimes Hediondos, [que] joga o sujeito lá dentro sem progressão. É preciso verificar, por outro lado, qual foi o efeito real e concreto da lei em relação à diminuição daqueles crimes que estão elencados nela.

[*Roda Viva*, TV Cultura, 2009]

O SISTEMA ÚNICO DE SEGURANÇA PÚBLICA

Tínhamos a prioridade de combater a violência e o crime organizado e lutar pela segurança pública. Isso só podemos fazer por indução. Então, tínhamos um plano bem claro, um plano que tinha começo, meio e fim e que está sendo implantado no Brasil. A reforma do Judiciário é uma parte fundamental disso. A implantação do Sistema Único de Segurança Pública é uma parte fundamental disso, [assim como] o combate à lavagem de dinheiro, porque a lavagem de dinheiro é a causa final do crime organizado.

[*Roda Viva*, TV Cultura, 2009]

REESTRUTURAÇÃO DA PF E COMBATE À LAVAGEM DE DINHEIRO

Foi realmente uma coisa séria que foi feita no Brasil. Nós montamos um encontro, chamado Encla, Encontro Nacional de Estratégia de Combate à Lavagem de Dinheiro, que a gente reunia trinta órgãos federais e estaduais a cada ano, para traçar as metas, a estratégia e tal. Isso estritamente ligado à reestruturação da Polícia Federal. A Polícia Federal era uma e é outra hoje. Não é a mesma coisa. Na primeira semana de governo, primeiro mês de governo, o presidente assinou a medida provisória duplicando o efetivo da Polícia Federal. Depois, ela foi reequipada, as pessoas foram estimuladas a fazer cursos, a gente montou uma academia de polícia muito melhor, e deu um salto.

[Depoimento ao CPDOC/FGV, 2009]

A FORÇA NACIONAL DE SEGURANÇA

Começamos a primeira experiência no Brasil de uma ideia – brilhante, na minha opinião – que é essa da Força Nacional de Segurança Pública. Essa força nacional não é uma panaceia. Mas o fato é que, dentro do planejamento dela, [funciona] como um programa de cooperação republicana e federativa entre os diversos estados, que não cria um organismo burocrático, não cria cargos, hierarquias e estruturas, mas simplesmente coordena e treina policiais militares do Brasil inteiro. É um trabalho de consenso, de cooperação. A presença e o funcionamento desse programa republicano cooperativo que é a Força Nacional de Segurança Pública é um passo intermediário, antes da presença do Exército.

[*Roda Viva*, TV Cultura, 2004]

CASO CHICO MENDES

Em muitos anos, foi a primeira vez – desde os tempos da colônia – que o mandante vai a julgamento junto com o pistoleiro. Este caso mostrou que isso é possível, desde que a polícia e a Justiça atuem de forma democrática e civilizada. Demos aos acusados dessa barbárie um julgamento justo. [...] Daqui para a frente, devemos seguir sabendo que é possível responder à violência com o devido processo legal, com o direito de defesa assegurado.

[*Gazeta de Pinheiros*, 1990]

PRESERVAÇÃO DA AMAZÔNIA

A sociedade brasileira está mais consciente da importância de proteger a Amazônia. O governo também tomou algumas medidas importantes, como a criação de reservas extrativistas e a intensificação da fiscalização. [...] A Amazônia ainda está sob forte ameaça. O desmatamento continua avançando, e os crimes contra os seringueiros e os povos da floresta ainda são frequentes. É preciso continuar lutando para que os direitos desses povos sejam respeitados e para que a Amazônia seja preservada para as futuras gerações.

[Entrevista à revista *Veja*, 1992]

IMPEACHMENT DE FERNANDO COLLOR

O impeachment do Collor, a petição inicial foi escrita na minha casa, aqui em São Paulo; a gente fez uma reunião de vários advogados, trouxemos uma minuta [...] o Evandro [Lins e Silva] estava, estava uma porção de gente, Sérgio Bermudes, uma porção de advogados do Rio, daqui também, Miguel Reale Jr. estava, José Carlos Dias [...] Aí foi feito e levado para a OAB. E teve aquele processo, foi em [19]92.

[Depoimento ao CPDOC/FGV, 2009]

DIREITOS CONSTITUCIONAIS E A VIDA REAL

Temos uma Constituição generosa em matéria de enunciação de direitos: o contraditório, a presunção de inocência, a prova lícita, a assistência jurídica, a proteção da imagem e da intimidade são preceitos insculpidos no art. 5º do texto constitucional e que se encontram ali, por suposto, para ser cumpridos. E, na vida real, das CPIs aos programas de TV, o que se tem visto são advogados impedidos de defender com palavra cassada, ameaçados de prisão; pessoas sem condenação sendo escrachadas e destruídas, em verdadeiros assassinatos de imagem pela mídia; uma vocalização perversa e demagógica a favor da pena de morte e, às vezes, mais que isso, do justiçamento e da execução; a destruição do sistema do direito penal brasileiro pela promulgação de leis extravagantes, a pior das quais é a dos crimes hediondos. [...] Parece que se quer conjurar a tradição de violência e impunidade, signos sob os quais a sociedade brasileira viveu e vive, atropelando os direitos, canibalizando as imagens, destruindo reputações e construindo cenários que, mais do que dificultar a aplicação adequada das leis, acabam por impedir a realização da justiça.

[Artigo para *Folha de S.Paulo*, 2000]

DEMARCAÇÃO RAPOSA SERRA DO SOL

Em 15 de abril de 2005, o presidente Lula assinou um decreto que o fará lembrado pelas próximas gerações de brasileiros. Ao concluir a demarcação da terra indígena Raposa Serra do Sol, pôs um ponto-final em vinte anos de conflito e assegurou a realização do direito constitucional de 18 mil indígenas que habitam um dos lugares mais bonitos do país. Outros interesses públicos nacionais relevantes também foram preservados. A homologação abriu uma nova etapa no desenvolvimento da região e afirmou a soberania do povo brasileiro sobre porção estratégica de nosso território.

[Artigo para *Folha de S.Paulo*, em coautoria com Luiz Armando Badin, 2008]

COTAS RACIAIS: MEDIDA NECESSÁRIA

As cotas raciais não são uma solução mágica para o problema da desigualdade racial. No entanto, elas são um instrumento importante para combater essa desigualdade. As cotas raciais, combinadas com outras medidas de ação afirmativa, podem contribuir para a construção de uma sociedade mais justa e igualitária. É importante ressaltar que as cotas raciais não são uma medida permanente. Elas devem ser utilizadas como um instrumento transitório para corrigir as desigualdades históricas que afetam a população negra. À medida que a sociedade brasileira se tornar mais justa e igualitária, a necessidade das cotas raciais diminuirá.

[Artigo para *Folha de S.Paulo*, 2012]

RESPEITO AOS DOGMAS

Na vida profissional, alguns momentos me orgulharam muito: as Diretas Já, a Constituinte, o julgamento dos assassinos de Chico Mendes, a fundação do Instituto de Defesa do Direito de Defesa e muitas centenas de defesas que assumi, tanto no júri como no juiz singular. No Ministério da Justiça, a reestruturação da Polícia Federal, a construção do Sistema Penitenciário Federal, a reforma do Judiciário, a campanha do desarmamento, a reformulação da Secretaria de Direito Econômico, a implantação do Sistema Único de Segurança Pública, o pioneiro Programa de Transparência, a demarcação da terra indígena Raposa Serra do Sol e a fundação da Força Nacional de Segurança Pública. Foram duas fases bem distintas e demarcadas. Numa, o serviço público, trabalho balizado sob o signo de duas lealdades que nunca colidiram: às instituições e à Presidência. Noutra (advocacia e OAB), primeiro a luta pelo estabelecimento de um Estado de Direito; depois, a prática profissional, que procurei marcar pelo respeito à ética, ao estatuto da OAB, às leis e, principalmente, à Constituição brasileira, entre cujos dogmas fundamentais estão assegurados o direito de ampla defesa, o devido processo legal, o contraditório, a licitude das provas, a presunção de inocência e, de forma geral, a proibição dos abusos.

[Artigo para *Folha de S.Paulo*, 2012]

Sobre os autores

Antenor Pereira Madruga Filho
Doutor em direito pela Universidade de São Paulo, foi secretário nacional de Justiça, em 2007, e diretor do Departamento de Recuperação de Ativos e Cooperação Jurídica Internacional do Ministério da Justiça de 2003 a 2006.

Antonio Cláudio Mariz de Oliveira
Advogado criminalista, foi secretário de Segurança Pública do governo de São Paulo, de 1990 a 1991, e presidente da Ordem dos Advogados do Brasil no mesmo estado nos biênios de 1987 a 1990.

Arthur Sanchez Badin
Advogado, foi chefe de gabinete da Secretaria de Direito Econômico, de 2003 a 2005, presidente do Fundo de Defesa de Direitos Difusos, de 2003 a 2004, e procurador-geral do Conselho Administrativo de Defesa Econômica (Cade), de 2005 a 2008. De 2008 a 2010, foi presidente do Cade.

Augusto de Arruda Botelho
Advogado, foi secretário nacional de Justiça de 2023 a 2024 e é um dos fundadores do Instituto de Defesa do Direito de Defesa.

Beto Vasconcelos
Advogado, foi secretário nacional de Justiça e coordenador da Estratégia de Combate à Corrupção e à Lavagem de Dinheiro entre 2015 e 2016.

Carolina Yumi de Souza
Doutora em direito pela Universidade de São Paulo, dirige o Departamento de Recuperação de Ativos e Cooperação Jurídica Internacional do Ministério da Justiça desde janeiro de 2023.

O MINISTRO QUE MUDOU A JUSTIÇA

Dora Cavalcanti
Advogada criminalista, é conselheira do Instituto de Defesa do Direito de Defesa e uma das fundadoras do Innocence Project Brasil.

Luis Felipe Salomão
Ministro do Superior Tribunal de Justiça e corregedor nacional de Justiça.

Luiz Armando Badin
Doutor em direito pela Universidade de São Paulo, foi secretário de Assuntos Legislativos e dirigiu a Consultoria Jurídica do Ministério da Justiça de 2003 a 2006.

Marcelo Behar
Advogado, foi assessor-especial e chefe de gabinete do Ministério da Justiça de 2003 a 2007.

Mario Cesar Carvalho
Jornalista e escritor, é autor dos livros *O cigarro* e *Carandiru: registro geral*.

Paulo Lacerda
Delegado federal aposentado, foi diretor-geral da Polícia Federal de 2003 a 2007.

Pedro Abramovay
Advogado, foi assessor-especial do Ministério da Justiça de 2004 a 2006.

Pierpaolo Cruz Bottini
Professor da Faculdade de Direito da Universidade de São Paulo e advogado criminalista, foi secretário de Reforma do Judiciário do Ministério da Justiça de 2005 a 2007.

Sérgio Renault
Advogado, foi secretário da Reforma do Judiciário do Ministério da Justiça de 2003 a 2005 e é diretor presidente do Instituto Innovare desde a sua fundação, em 2004.

Referências bibliográficas

BASTOS, Márcio Thomaz. "Discurso do ministro da Justiça". Discurso proferido na solenidade de instalação do Conselho Nacional de Justiça (CNJ) e de posse de seus integrantes, realizada no auditório da Primeira Turma do STF, em 14 de junho de 2005. Brasília: Supremo Tribunal Federal, 14 jun. 2005. Disponível em: <https://portal.stf.jus.br/noticias/verNoticiaDetalhe.asp?idConteudo=65017&ori=1>. Acesso em: 12 jul. 2024.

BASTOS, Márcio Thomas e BADIN, Luiz Armando. "Igualdade de oportunidades e acesso ao ensino superior – a constitucionalidade da política de cotas". *Amicus curiae* ao Supremo Tribunal Federal. Salvador, Associação Nacional dos Advogados Afrodescendentes, 2012.

CALAMANDREI, Piero. *Eles, os juízes, vistos por um advogado*. São Paulo: Martins Fontes, 2000.

CASTRO, Tatiana de Souza. *A "caixa-preta" vs. o "controle demagógico": os discursos dos favoráveis e dos contrários à criação do CNJ*. Dissertação (Mestrado em História, Política e Bens Culturais) – Fundação Getulio Vargas, Rio de Janeiro, 2013. Disponível em: <https://repositorio.fgv.br/server/api/core/bitstreams/1727cadf--8835-41d8-b61f-8a0db4566173/content>. Acesso em: 12 jul. 2024.

CONSELHO NACIONAL DE JUSTIÇA. *Justiça em números 2023*. Brasília: CNJ, 2023. Disponível em: <https://www.cnj.jus.br/wp-content/uploads/2023/08/justica-em-numeros-2023.pdf>. Acesso em: 9 jul. 2024.

FERRAZ JR., Tercio Sampaio. "Indício e prova de cartel". *Estudos e Documentos* n. 24. Disponível em: <https://www.terciosampaio-

ferrazjr.com.br/publicacoes/indicio-e-prova-de-cartel>. Acesso em: 26 set. 2024.

MORAES, Alexandre de. "Controle externo do Poder Judiciário: inconstitucionalidade". *Revista de Informação Legislativa*, Brasília, v. 35, n. 140, pp. 59-64, out./dez. 1998. Disponível em: <https://www2.senado.leg.br/bdsf/bitstream/handle/id/418/r140-06.pdf?sequence=4&isAllowed=y>. Acesso em: 12 jul. 2024.

OCDE/IDB. *Competition Law and Policy in Brazil: a Peer Review 2010*. Competition Law and Policy Reviews. Paris: OECD Publishing, 2010. Disponível em: <https://doi.org/10.1787/48832f66-en>. Acesso em: 30 set. 2024.

SADEK, Maria Tereza. "Judiciário: mudanças e reformas". *Estudos Avançados*, v. 18, n. 51, pp. 79-101, 2004. Disponível em: <https://www.scielo.br/j/ea/a/rmr7WmNQZLyrPJ7VfWLFPyc/>. Acesso em: 26 set. 2024.

SALOMÃO, Luis Felipe (coord.). *Magistratura do futuro*. Rio de Janeiro: JC Editora, 2020. Disponível em: <https://www.amatra1.org.br/wp-content/uploads/2020/11/LIVRO_MAGISTRATURA_DO_FUTURO_.pdf>. Acesso em: 12 jul. 2024.

SALOMÃO, Luis Felipe. "De volta para o futuro: balanço das atividades da Corregedoria Nacional de Justiça". Brasília: CNJ, 2023. Disponível em: <https://www.cnj.jus.br/wp-content/uploads/2023/11/artigo-balanco-atividades-corregedoria-f.pdf>. Acesso em: 12 jul. 2024.

SALOMONI, Maíra Beauchamp. *O acordo de leniência e seus reflexos penais*. Dissertação (Mestrado em Direito) – Universidade de São Paulo, São Paulo, 2012.

SANCHEZ BADIN, Michelle R. e SANCHEZ BADIN, Arthur. "Anticorruption in Brazil: from Transnational Legal Order to Disorder". *American Journal of International Law*, 2019.

VIEIRA, padre Antônio. "Sermão de Nossa Senhora do Ó". In: VIEIRA, António. *Sermões*. Prefaciado e revisado pelo rev. Padre Gonçalo Alves. Porto: Lello & Irmão, v. 4, t. 10, pp. 201-232, 1959.

Este livro foi impresso na tipografia Classical Garamond BT,
em corpo 11/15,7, e impresso em
papel off-white no Sistema Cameron da
Divisão Gráfica da Distribuidora Record.